Robert Bresson

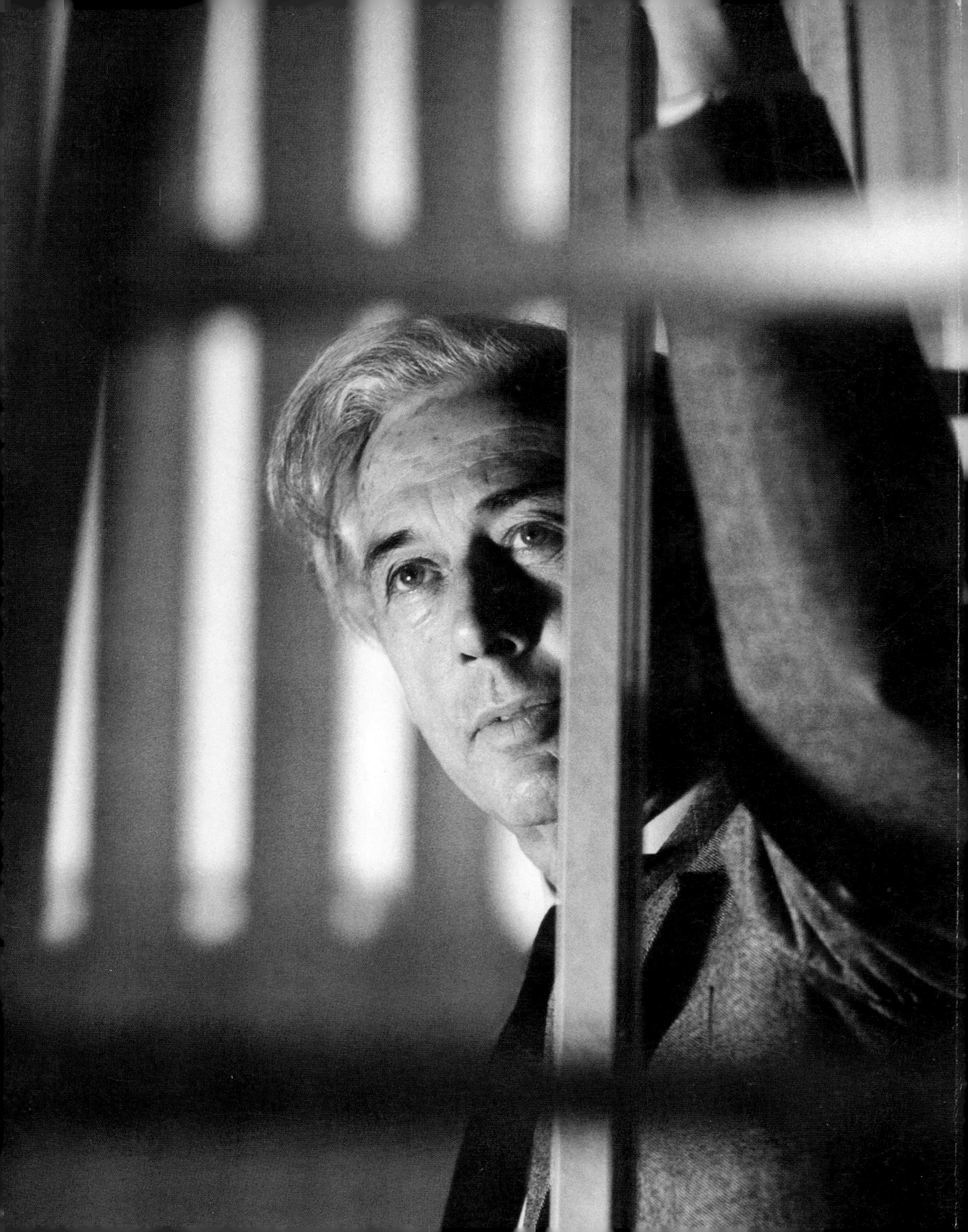

Jean-Michel Frodon

Robert Bresson

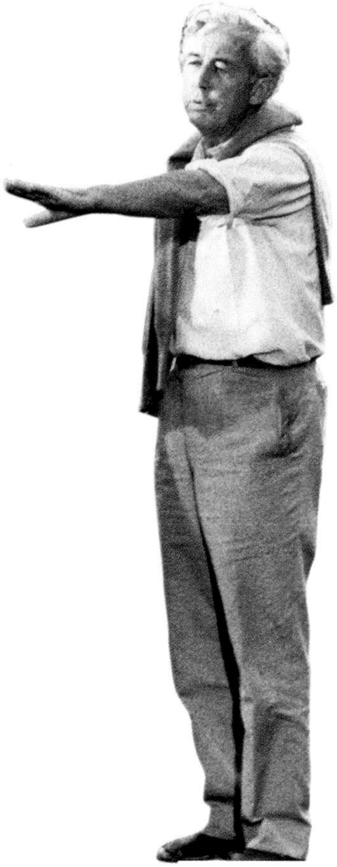

CAHIERS DU CINEMA

Le Monde

En couverture :

Nadine Nortier dans *Mouchette*.

Cahiers du cinéma éditions
Présidente : Anne Chaussebourg
Directeur délégué : François Maillot
Direction de la collection : Claudine Paquot,
avec la collaboration de Franck Henry
Graphisme couverture : TM Limited (AGI TM France sas)
Graphisme intérieur : Paul-Raymond Cohen et Clémentine Hède
Secrétariat d'édition : Alexia Renard, avec la collaboration de Aurélien Le Guérinel
Correction : Thérèse Rabiller
Fabrication : Claude Morin, avec la collaboration de Carolina Lucibello

9, passage de la Boule-Blanche – 75012 Paris
www.cahiersducinema.com

ISBN : 978-2-86642-530-2
ISSN : 1960-355X

Édition particulière pour *Le Monde*

Sommaire

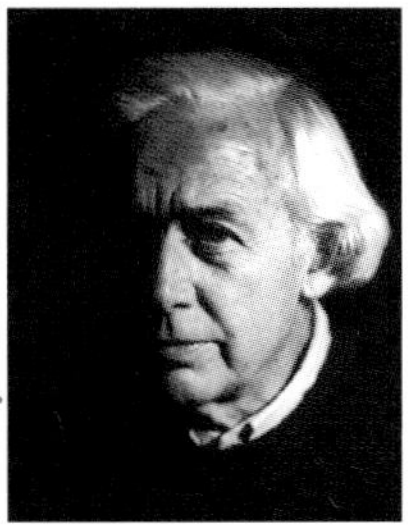

7
Introduction

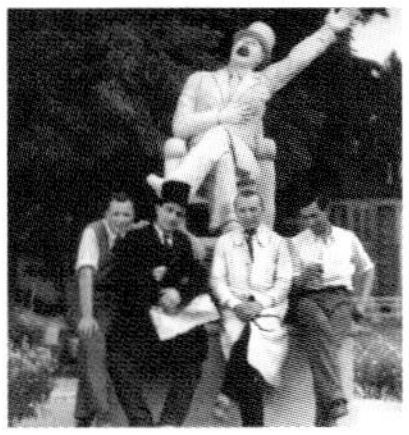

11
Quatre stations vers lui-même
Des *Anges du péché* à *Un condamné à mort s'est échappé*

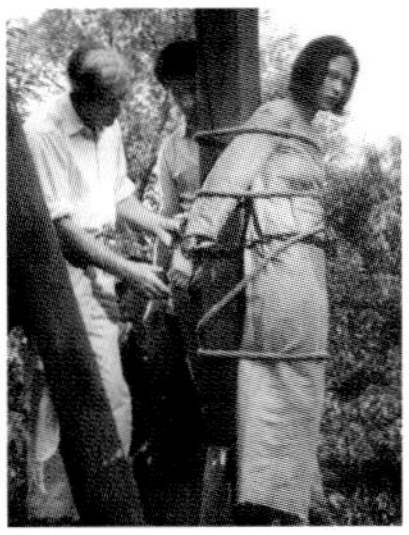

33
Le grand style
De *Pickpocket* à *Mouchette*

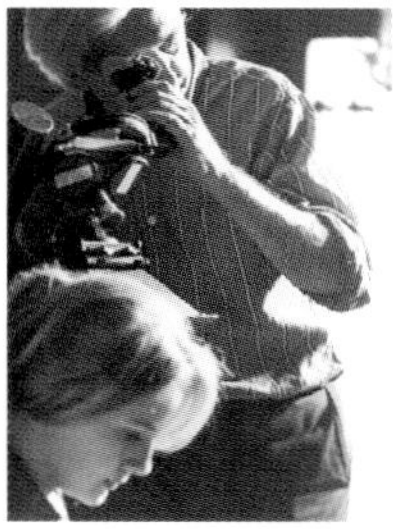

65
Les cinq coups du désespoir moderne
D'*Une femme douce* à *L'Argent*

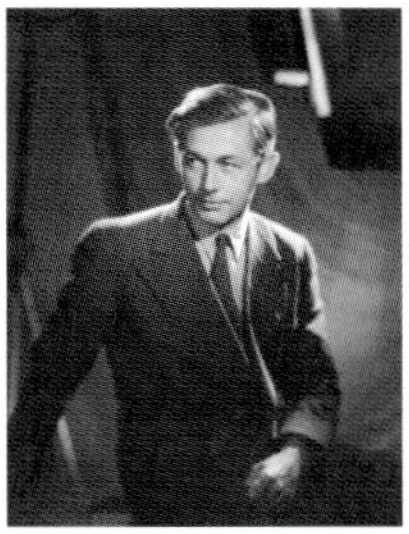

90
Biographie

92
Filmographie

95
Bibliographie
DVD

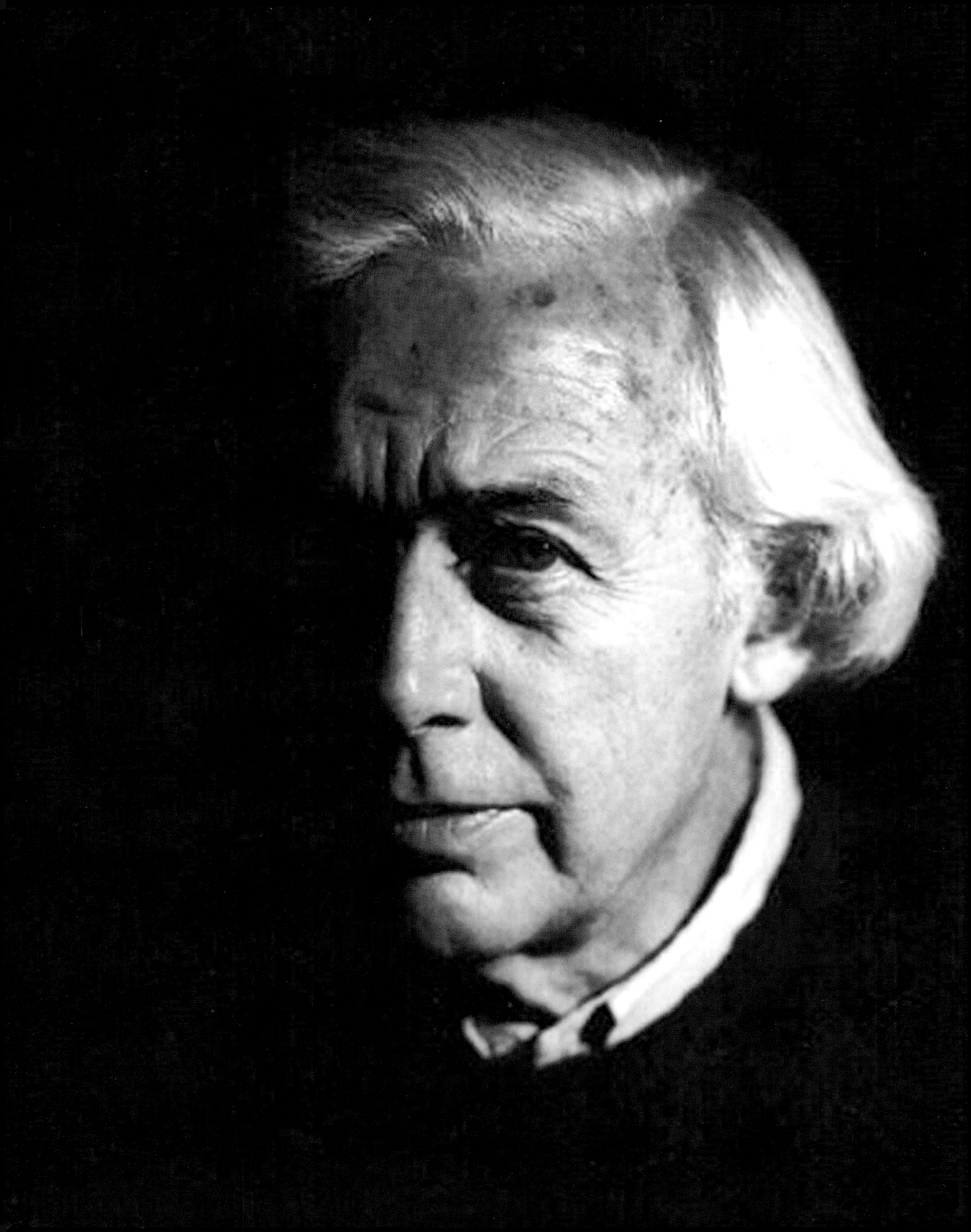

Introduction

Robert Bresson occupe une place unique dans l'histoire du cinéma. Nombreux sont ceux qui le considèrent comme le plus grand parmi les artistes du film, mais il ne s'agit pas ici d'établir des classements. Il s'agit de souligner la place acquise par son œuvre, et qui en fait une référence décisive pour un très grand nombre de réalisateurs, quel que soit leur style, et pour un très grand nombre d'amateurs de cinéma, qui peuvent par ailleurs afficher des goûts très divers. Au sens le plus élevé du mot, Robert Bresson incarne une *idée* du cinéma. Cette idée, qui concerne tous les aspects du cinéma (un certain rapport au monde réel, à l'imaginaire, aux acteurs, au public, une certaine conception de la place du réalisateur et de ses collaborateurs), court à travers les époques, les pays et les genres. Elle est si puissante qu'elle a aussi servi de repère, sinon de modèle, à des artistes et des penseurs d'autres disciplines. Ce statut incomparable très tôt acquis par Bresson, et qui n'a plus vacillé depuis, tient d'abord à la beauté bouleversante de chacun de ses films. Les treize longs métrages réalisés entre 1943 et 1983 composent une œuvre d'une cohérence incomparable.

Ces films sont d'abord, dans leur singularité, treize aventures du regard, de l'émotion et de l'esprit, treize œuvres à rencontrer une par une, en toute liberté. Rien ne serait plus absurde que de se laisser intimider par l'aura qui entoure Bresson, aussi forte et justifiée soit-elle. Ces films racontent simplement des histoires vécues par des gens simples. Mais ces histoires, elles, ne sont pas simples. Elles connaissent d'*étranges détours*, comme il est dit dans *Pickpocket*, et sont souvent tragiques. Rien en elles, ni la référence culturelle (Bresson a recouru à des textes de Bernanos, de Diderot, de Dostoïevski, de Tolstoï, au récit des chevaliers de la Table ronde), ni la référence historique (Jeanne d'Arc, un fait de Résistance), ni les nombreuses références religieuses, ne suscite une mise à distance. Chez Bresson, les femmes sont magnifiques et magnifiquement féminines, même les bonnes sœurs, les saintes et les criminelles ; chez Bresson, les hommes brûlent d'une lumière intérieure, qui les sauvera ou les perdra mais les rend extraordinairement vivants. Chez Bresson, les sentiments sont forts, les rapports entre les personnes sont du côté de ce qu'on fait, des visages et des corps en action. En témoigne l'importance de ce motif, qui court de film en film, et qui est celui des mains. Dans les films de Bresson, les personnages *font des choses*, ils agissent eux-mêmes, ils essaient, pour le meilleur ou le pire, de prendre en mains leur existence.

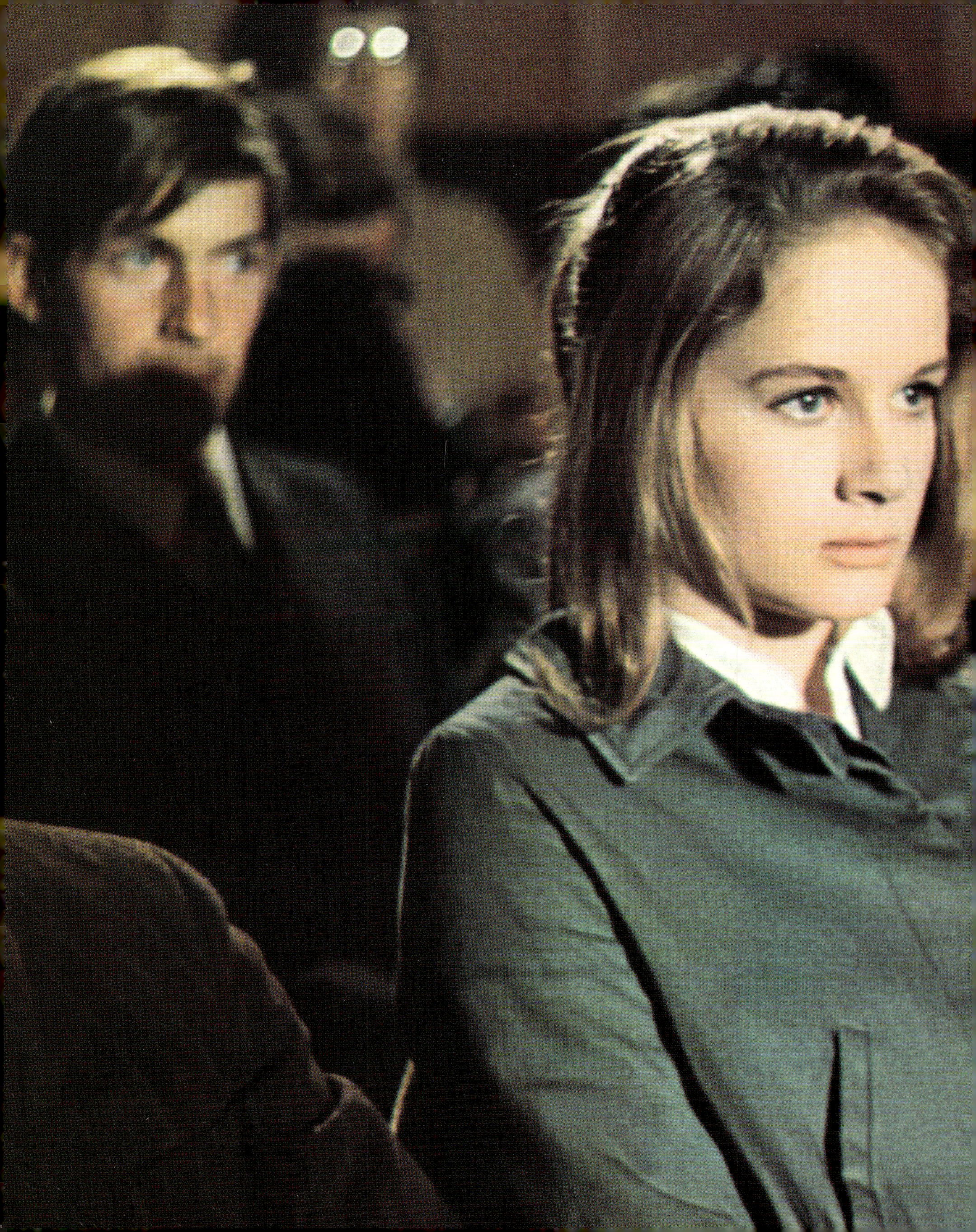

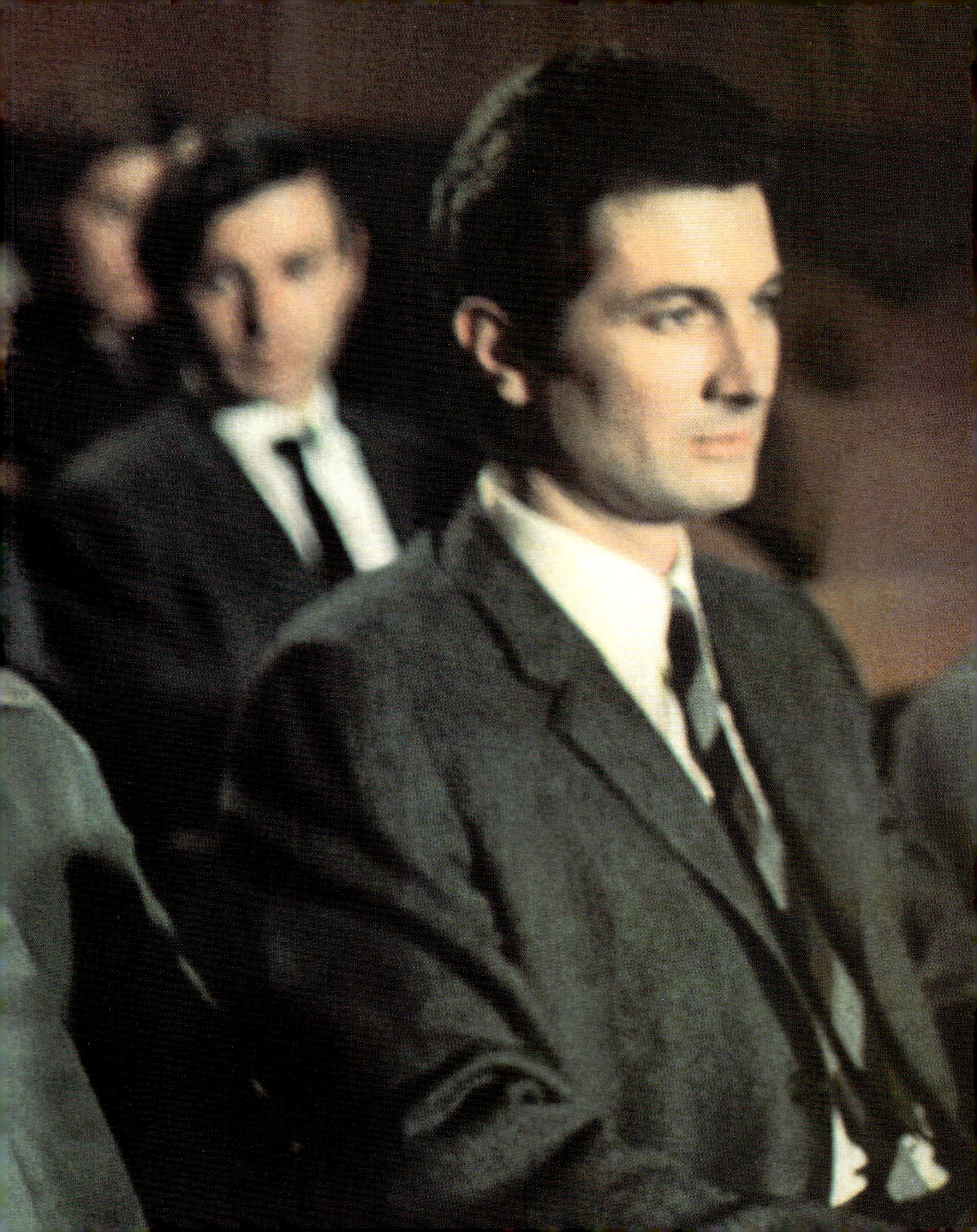

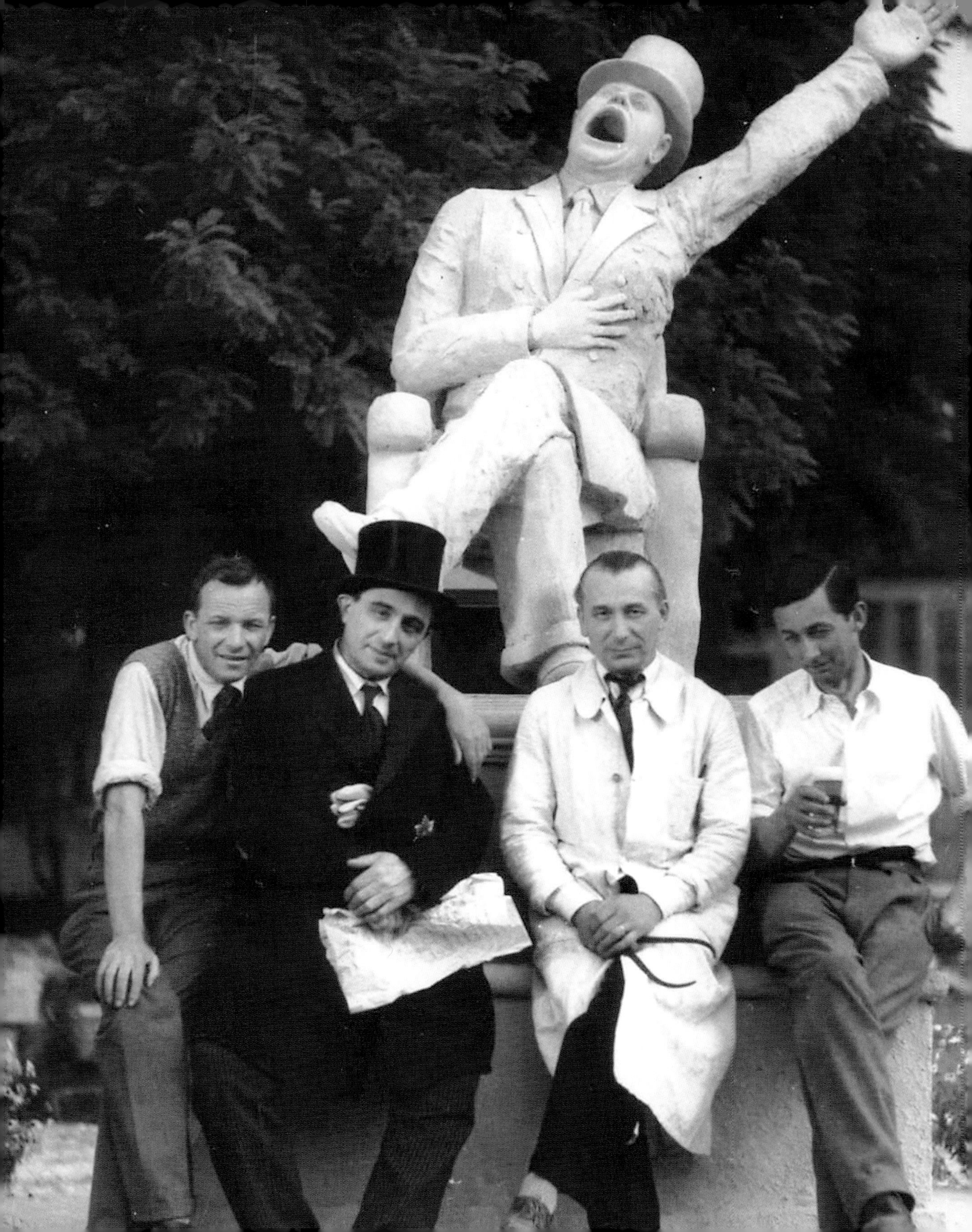

Quatre stations vers lui-même

Des *Anges du péché* à *Un condamné à mort s'est échappé*

Un homme nommé Robert Bresson ou « Avez-vous vu mes films ? »

Il a vécu pratiquement le vingtième siècle tout entier. Né en 1901, mort en 1999. Une vie longue, très longue, et pourtant… De l'existence hors cinéma de Robert Bresson, on sait peu de chose, lui-même ne fit rien pour en révéler les aspects privés, à la fois par une pudeur qui va de pair avec tout ce qui définit ses films, et parce qu'il souhaitait n'exister dans le regard du public que par ses réalisations. À un journaliste qui l'interrogeait sur son passé, il répondait en 1983 : « Avez-vous vu mes films ? Alors vous en savez sur moi autant que j'en sais moi-même. » Ce qui lui fit aussi toujours refuser des honneurs et distinctions autres que directement dédiés à ses réalisations. Que sait-on malgré tout de lui ? Il a été toute sa vie un très bel homme, très tôt doté d'une magnifique chevelure blanche. Il portait volontiers des pulls en cachemire jetés sur ses épaules et des lunettes qui soulignent l'intelligence du visage. Il savait, dans les rencontres avec le public ou la presse, être volontiers séducteur, sans jamais transiger sur ce qui lui tenait à cœur. Se tenant volontiers à l'écart des feux mondains et médiatiques, Robert Bresson n'était pas pour autant hors du monde, et en particulier du « beau monde ». On trouve au générique de ses films d'innombrables noms issus des grandes familles de la finance, de l'industrie comme de la culture françaises : ce ne saurait être un hasard, ce fut souvent sa manière de pallier le statut marginal qui resta toujours le sien par rapport au milieu cinématographique, pour lequel, à de très rares exceptions, il n'avait aucune estime.

Robert Bresson habite très tôt, et pour toujours, le même grand appartement aux murs blancs et aux plafonds hauts,

Pages précédentes :
Dominique Sanda et Guy Frangin dans *Une femme douce*.

Page de gauche :
Bresson et son équipe sur le tournage de son premier film, *Affaires publiques*.

avec vue sur la Seine, dans l'île Saint-Louis à Paris. Devenu veuf, il épouse Mylène Van der Mersch, son assistante sur tous ses films depuis *Mouchette*. Malade, il passe les dix dernières années de sa vie loin du public. Croyant, il est sa vie durant resté catholique, tout en faisant de sa foi une source d'interrogation et de création, confrontée aux courants les plus contestataires des époques qu'il a traversées, des années trente sous l'influence du surréalisme et de l'activisme antifasciste aux années soixante-dix dans l'héritage de Mai 68. Pour le reste, la vie de Robert Bresson, ce qu'on en peut connaître, ce sont ses films, et le combat pour ses films – ceux qu'il a faits, et ceux qu'il a voulu faire.

Le temps d'avant

D'abord attiré par la peinture (qui le passionnera toute sa vie), le jeune Robert Bresson débute professionnellement comme photographe. Mais déjà le cinéma le tente, il s'en approche *via* la publicité puis l'écriture de scénarios. Plus tard, il dira qu'il était « trop agité » pour devenir peintre, et expliquera : « J'étais très attiré par tout ce qui bouge dans les films, les feuilles des arbres entre autres choses. J'allais tout les soirs au cinéma. J'ai voulu faire un film moi-même. »

Il faut prêter attention à l'apparente évidence de la réponse, à ce qu'elle suggère de ce que Bresson aura désiré du cinéma : le mouvement. Ce mouvement du vent « qui souffle où il veut », autre titre d'*Un condamné à mort s'est échappé*, ce « mouvement des feuilles » qui est manifestation naturelle d'une force invisible, et qu'il filmera tant, sur les corps et les visages, comme traces du « mouvement de l'âme », selon la formule d'André Bazin[1]. Ce « mouvement des feuilles » qu'à son exemple les plus passionnés des cinéastes (je songe à Jean-Marie Straub et Danièle Huillet aussi bien qu'à Jean-Daniel Pollet) enregistreront avec un sens du miracle cinématographique qui ne doit rien à aucune obédience religieuse.

En 1934, Bresson réalise un premier film, *Affaires publiques*. De ce court métrage, on ne connaît aujourd'hui qu'une version de vingt-cinq minutes où manquent, semble-t-il, des chansons. Encore sommes-nous bien heureux de pouvoir le voir : le film fut durant des décennies réputé disparu, avant d'être retrouvé et montré à la Cinémathèque française en 1987. Également appelé parfois *Le Chancelier*,

1. André Bazin (1918-1958), considéré par beaucoup comme le plus grand critique de cinéma français, a collaboré à de nombreuses publications, cofondé et dirigé les *Cahiers du cinéma* de 1951 à 1958, écrit d'importants textes théoriques dont les principaux sont réunis dans le livre *Qu'est-ce que le cinéma ?* (rééd. Cerf, 1985).

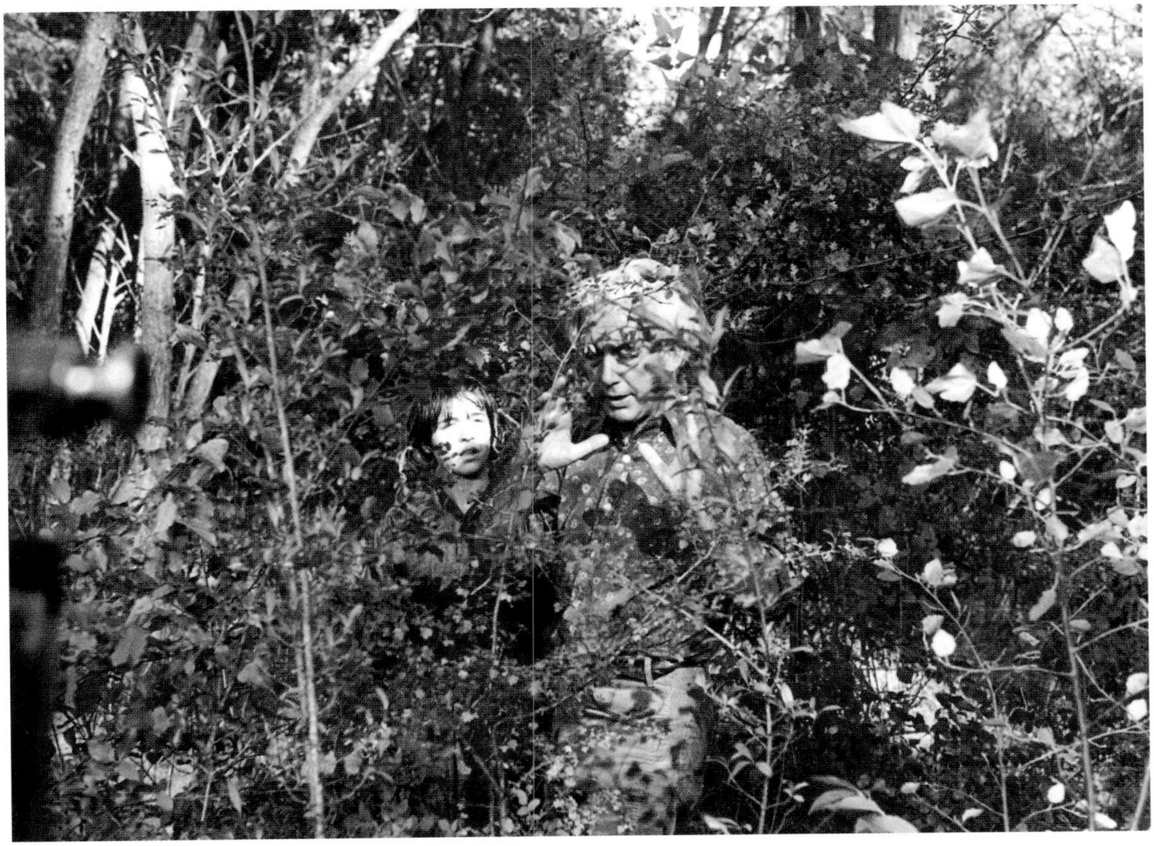

Tournage de *Mouchette*.

Béby inaugure ou *Bébé inaugure*, il s'agit d'un film burlesque à l'humour ravageur, à la fois potache et volontairement grinçant, qui s'inscrit clairement dans un ensemble important de réalisations de l'époque dans la mouvance surréaliste. Le film a d'ailleurs été financé par le peintre et critique d'art britannique Roland Penrose, ami de Picasso et figure de l'avant-garde artistique parisienne d'alors. Le film, qui peut aussi faire penser à son contemporain *Soupe au canard* de Leo McCarey avec les Marx Brothers (1933), organise une série de sketches absurdes et ironiques autour de cérémonies officielles – les inaugurations successives d'une statue, d'une pompe à incendie et d'un transatlantique dans le pays imaginaire de Crocandie où règne un dictateur ubuesque. Ces scènes donnent libre cours à une verve irrévérencieuse, autour du clown vedette Béby et du débutant Marcel Dalio qui tient de nombreux rôles. Parmi les moments forts du film, un défilé de *girls* des Folies-Bergère, conclu par une coquine exhibition de culottes bien remplies. On est aux

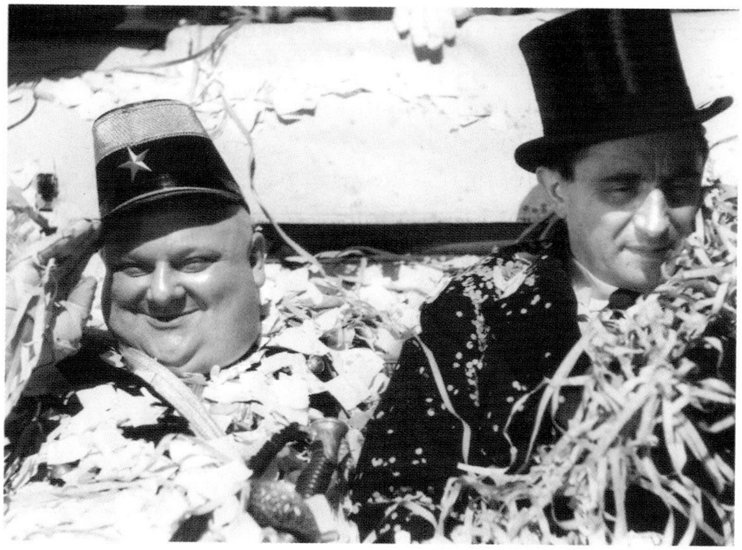

Affaires publiques :
le clown Béby et Marcel Dalio.

antipodes de ce que sera le cinéma de Bresson, mais tout à fait dans un certain esprit du temps.

Une légende veut que Robert Bresson lui-même ait organisé la disparition d'*Affaires publiques*, si éloigné de ce qu'il ferait ensuite. Du moins lorsque le film réapparut Bresson le salua avec affection. Et bien avant, il avait lors d'entretiens mentionné avoir à l'époque rédigé d'autres scénarios « un peu fous, dont personne ne voulait ». Mais « un peu fous », le scénario de *Balthazar* et celui de *Pickpocket* le sont aussi. On ne saurait surévaluer la valeur prémonitoire du court métrage tourné dans un contexte si différent, et son existence renseigne surtout sur la double inscription de Robert Bresson dans deux univers d'avant-guerre, celui des avant-gardes artistiques et celui du système professionnel du cinéma français, encadré par ses structures industrielles, son organisation en genres et la hiérarchie des principaux réalisateurs du moment.

Affaires publiques lègue à l'avenir encore trois éléments : deux hommes et une idée. Les hommes s'appellent Pierre Charbonnier, peintre qui occupe la fonction de décorateur, ce qu'il redeviendra aux côtés de Bresson pour tous ses films à partir de *Journal d'un curé de campagne* (1951) jusqu'à *Lancelot du lac* (1974), et le musicien Jean Wiener qu'on retrouve sur plusieurs génériques (*Au hasard Balthazar*, *Mouchette*, *Une femme douce*). L'idée, il la formule dans la revue *Pour vous* : « Je tenais à composer le scénario, à diriger les acteurs, bref à prendre toutes les responsabilités[2]. » Ce

2. *Pour vous*, n° 302, 30 août 1934.

contrôle absolu sur ses films sera la marque de tout son travail à venir. Comme le souligne Jean Sémolué, Bresson se fait écho à lui-même cinquante-trois ans après lorsqu'il déclare au moment de la redécouverte du film de ses débuts : « J'ai eu la surprise de retrouver à peu près la façon que j'ai aujourd'hui d'attraper les choses et de les mettre ensemble, la façon dont les plans se succèdent[3]. »

3. Jean Sémolué, *Bresson ou l'Acte pur des métamorphoses*, Flammarion, 1993.

Les Anges du péché (1943)

Mobilisé en 1939, Bresson est fait prisonnier. Revenu de captivité en 1941, il retrouve le milieu cinématographique français, où il avait commencé, comme scénariste et assistant, à se faire une place. Malgré l'Occupation, et des restrictions matérielles sévères, le cinéma français est alors en pleine activité. Il est aussi devenu plus facile aux nouveaux arrivants, parmi lesquels Jacques Becker ou René Clément, d'y trouver place, les lois antisémites ayant contraint de nombreux professionnels à l'exil, au chômage ou à la clandestinité. D'autres cinéastes de premier plan (Jean Renoir, René Clair, Julien Duvivier...) ont eux aussi quitté la France. C'est dans ce contexte qu'en 1943 Robert Bresson réalise *Les Anges du péché.*

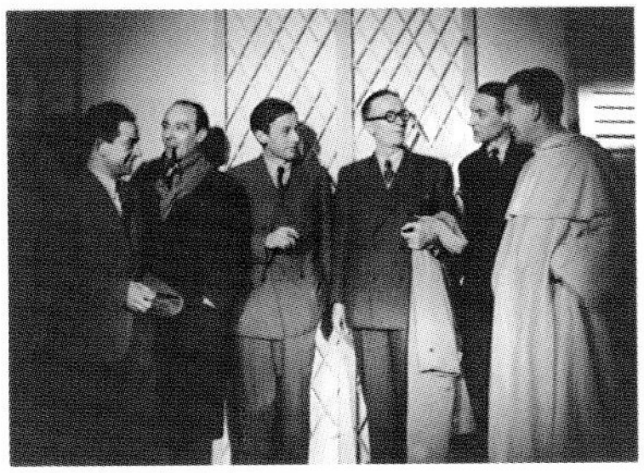

Les Anges du péché : autour de Bresson, auteur du scénario et du film, les protagonistes du projet. À gauche, Philippe Agostini, Dominique Drouin et, à droite, Jean Giroudoux, Roland Tual et le révérend père Bruckberger.

Situé dans un couvent de religieuses, celui-ci raconte un triple combat : celui des sœurs pour reconstruire une vie aux femmes sortant de prison, celui d'une nouvelle venue (Anne-Marie) qui se voue à cette mission d'une manière qui dépasse et bouleverse le fonctionnement de l'institution, en se consacrant à la rédemption d'une pensionnaire particulièrement rétive, Thérèse, qui se bat, elle, pour accomplir son propre projet de vengeance, en révolte contre l'amour illuminé d'Anne-Marie comme contre l'aide organisée de la congrégation.

Les Anges du péché est né d'une idée de Bresson, et il est bien l'auteur du scénario. Mais il est inspiré d'un livre, *Les Dominicaines des prisons* du père Lelong, livre qui évoque une congrégation nommée Béthanie, créée par un dominicain, le père Lachaste, en 1867, et où les religieuses se vouent à la réhabilitation des femmes réprouvées par la société. C'est un autre religieux, dominicain lui aussi et figure importante de l'intelligentsia catholique d'alors, le révérend père Bruckberger, qui a conseillé le livre à Bresson. Son nom apparaît au générique, il figure aussi, au titre de « conseiller religieux », sur la couverture

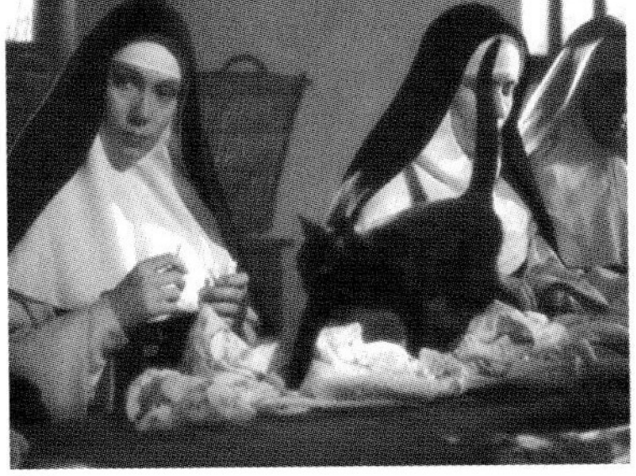

Madeleine (Mila Parely) et le chat de la prieure : un grain de sable dans l'institution.

du livre publié par Gallimard sous le titre *Le Film de Béthanie* et signé du nom de l'écrivain français peut-être le plus prestigieux alors, Jean Giraudoux. Giraudoux est en réalité l'auteur des dialogues du film – ce sont ses dialogues que publie Gaston Gallimard, ce qui permet au producteur du film, Roland Tual et à sa société, Synops, de survivre à l'Occupation. Sans la « couverture » de ces noms prestigieux, le film n'aurait sans doute jamais vu le jour. Il bénéficie en outre de la présence de quelques-unes des actrices les mieux reconnues à l'époque, Renée Faure (de la Comédie-Française), Jany Holt, Sylvie[4], Marie-Hélène Dasté, qui se plient à la fois aux exigences précises et singulières de ce réalisateur débutant qui sait très bien ce qu'il veut, et aux conditions de travail éprouvantes imposées par les pénuries de l'Occupation[5].

À l'époque, Bresson est un inconnu et le film est perçu comme un « film de Giraudoux », ou comme une émanation de l'influence de Bruckberger. Or il s'agit sans aucun doute déjà tout à fait d'un film de Robert Bresson qui, dans cet

4. Selon les mémoires de Denise Tual (*Le Temps dévoré*, Fayard), ces trois actrices auraient été imposées à Bresson par son producteur, à la place d'Élina Labourdette, Ginette Leclerc et Valentine Tessier.

5. Jany Holt et Renée Faure ont raconté, beaucoup plus tard, les difficultés du tournage à Anne Wiazemsky, qui les a interrogées pour un document audiovisuel consacré aux *Anges du péché* : *Les Anges, 1943 (histoire d'un film)*, qui figure sur le DVD du film de Bresson édité par Gallimard / Synops.

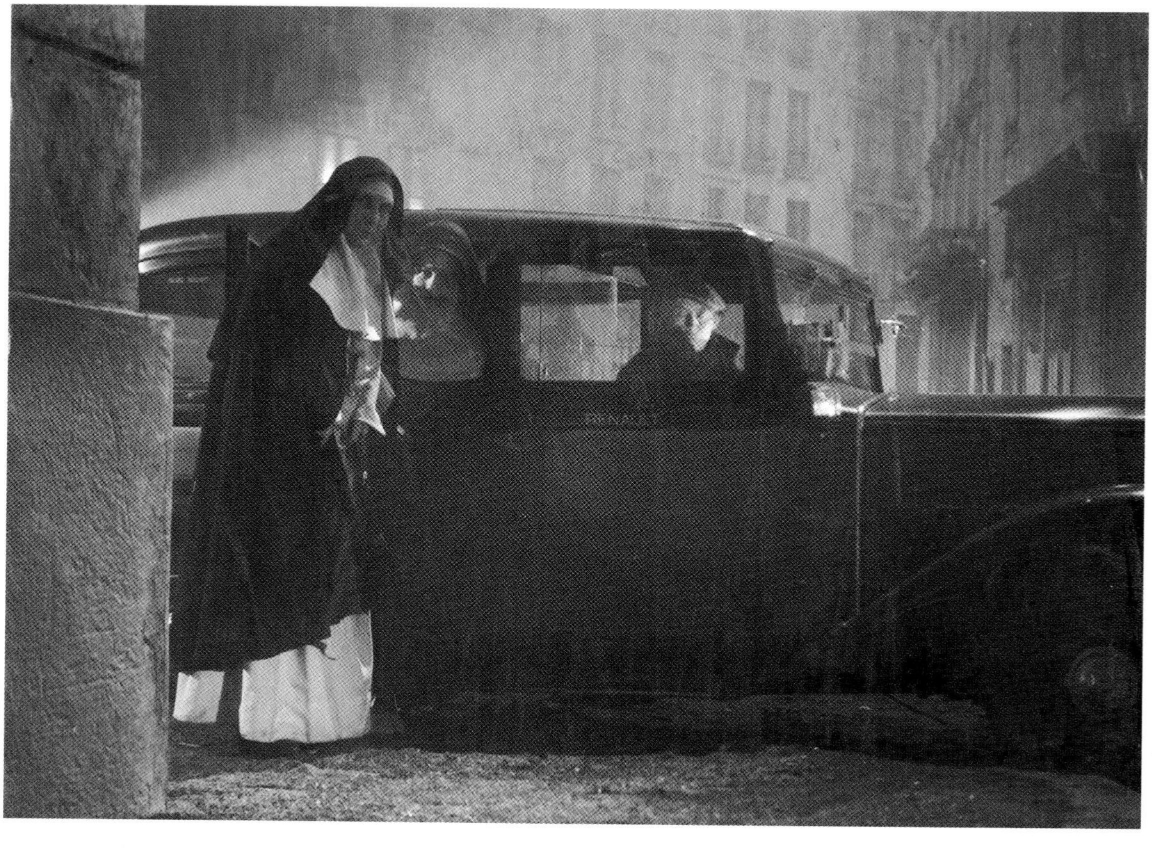

Le coup de main de la prieure à la sortie de la prison : Sylvie et Renée Faure dans *Les Anges du péché*.

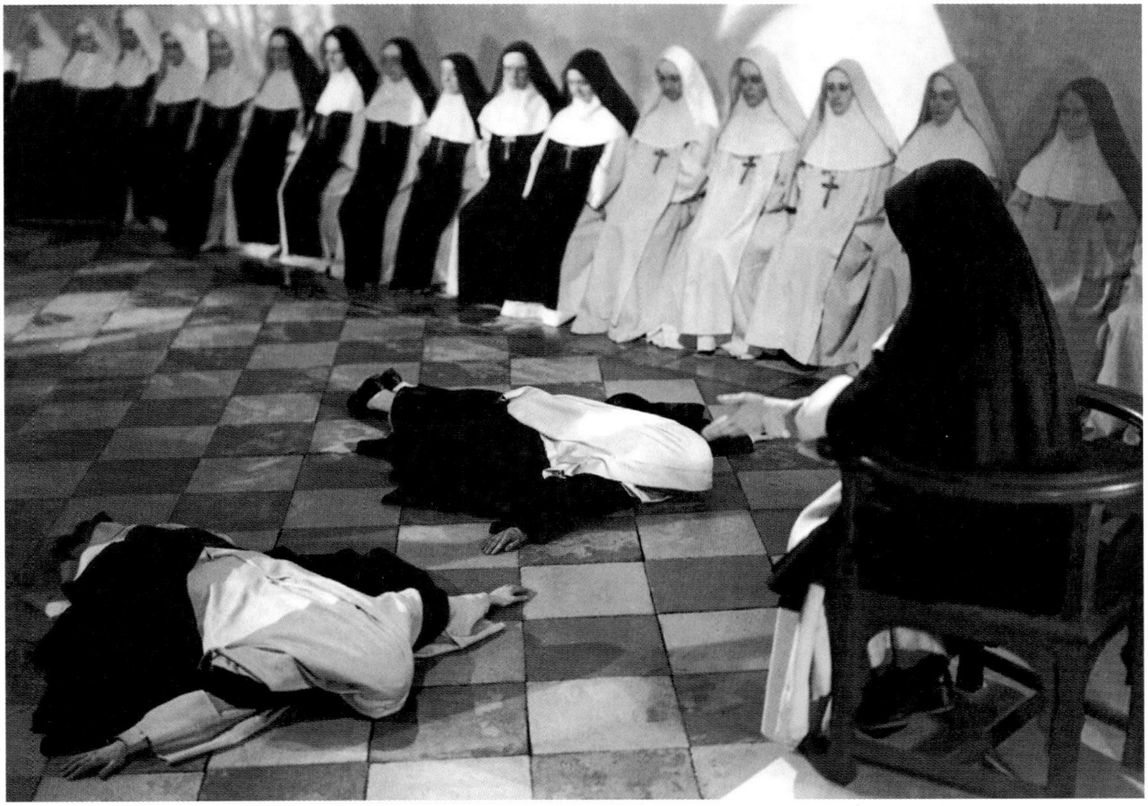

Les règles du couvent
de la congrégation de Béthanie.

environnement, parvient à imposer ce qui se confirmera et s'affermira ensuite, comme son style et les thématiques qui lui importent. Tout dans le sujet autorisait des débordements de pathos, le film impose d'emblée une retenue qui, loin de limiter l'émotion, l'élève et l'amplifie. Bresson reçoit ici l'aide décisive du chef opérateur Philippe Agostini, technicien chevronné[6] dont l'image en noir et blanc privilégie toujours l'essentiel. Les dialogues de Giraudoux sont respectés (à quelques variantes près), le révérend père Bruckberger ne peut rien trouver à redire, et pourtant, exemplairement, cette histoire de dévotion et de rédemption est aussi, grâce au cinéma, une histoire de résistance, une histoire d'amour, une histoire de folie. Voyez (en 1943 !) ces bonnes sœurs comploter nuitamment pour organiser un véritable coup de main afin de soustraire une fille aux maquereaux qui veulent la récupérer à sa sortie de prison. Voyez ce qui vibre de charnel dans le regard d'Anne-Marie renonçant à son miroir, dans la caresse de Thérèse sur les pieds de celle qui meurt pour elle. Entendez le cri inarticulé de la révolte, l'hystérie du défi

6. À l'époque, bien qu'âgé de seulement trente-trois ans, il a travaillé sur des dizaines de films, a été le collaborateur de Marc Allégret, Marcel L'Herbier, Raymond Roulleau, a signé la photo d'*Un carnet de bal* de Julien Duvivier (1937), du *Jour se lève* de Marcel Carné (1939), du *Mariage de Chiffon* de Claude Autant-Lara (1942).

La mort d'Anne-Marie, la grâce de Thérèse sous les yeux de Madeleine : Jany Holt, Renée Faure et Mila Parely.

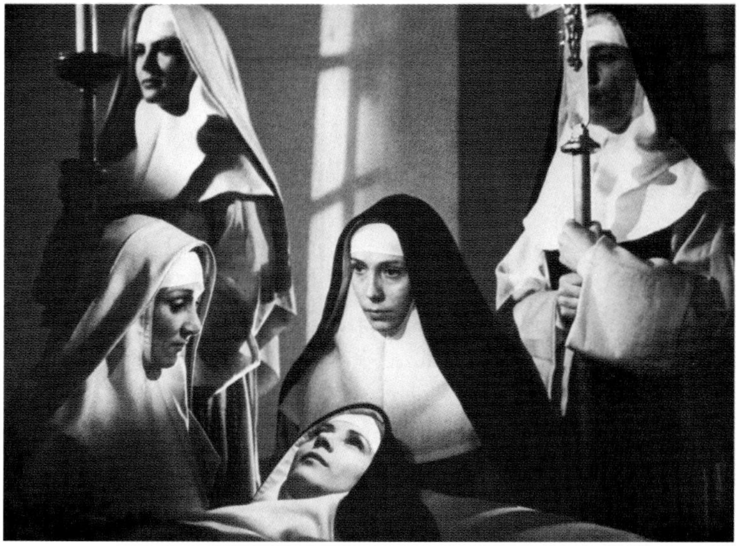

contre la règle, voyez le tranchant de cette hache soudain plus si innocente, percevez la rouerie et le délire (et l'humour !) dans le rôle soudain dévolu au chat de la prieure. Pas de jugement ici. Des pulsions, des élans qui emportent les individus. Une admirable capacité à mettre en scène à la fois ce qui est cohérent (le fonctionnement de l'institution, des institutions : dans le film, les bonnes sœurs, mais aussi la police et la prison font « bien leur travail », et le film n'en est que plus fort). *Les Anges du péché* est réalisé par un chrétien, sur un sujet et dans un environnement marqué par le rapport à la religion. Est-ce un film religieux ? Pas vraiment, même s'il contient la religion et ce à quoi elle se confronte. Car autre chose est là, et qui n'est pas moral, mais relève d'un désir d'absolu. Thérèse comme Anne-Marie l'éprouvent, et la mère supérieure le comprend. Cela fait des saintes, des criminelles, des artistes. Cela fait ce qui est humain chez les humains en dépassant le quotidien. Voilà ce dont, à travers ses films, parlera Robert Bresson, quarante ans durant.

Les Dames du bois de Boulogne (1945)

Aussitôt après le succès des *Anges du péché*, Robert Bresson peut commencer la réalisation de son deuxième film, *Les Dames du bois de Boulogne*. À nouveau le cinéaste s'inspire d'un texte littéraire, ici un récit qui figure dans *Jacques le Fataliste* de Diderot, à nouveau il s'agit d'une histoire dont les personnages principaux sont des femmes, à nouveau il reçoit le renfort d'une grande figure de la littérature et de l'intelligentsia, Jean Cocteau signant les dialogues. On peut ajouter l'image, toujours aussi belle, toujours aussi « bressonienne » avant la lettre, de Philippe Agostini, et aussi les conditions de tournage encore plus difficiles que celles des *Anges du péché* – on aperçoit, dans une scène supposée se passer dans un appartement confortable, la buée qui s'échappe de la bouche des acteurs, contraints de tourner de nuit et par un froid glacial. Commencé sous l'Occupation, fréquemment interrompu, le tournage s'est achevé en février 1945.

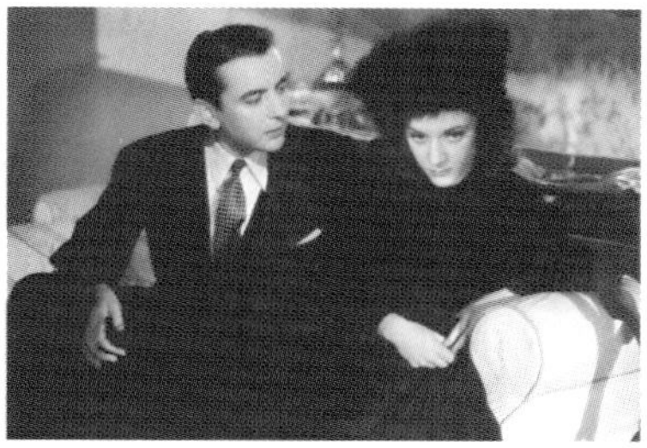

Paul Bernard et Maria Casarès dans *Les Dames du bois de Boulogne.*

On pourrait tout aussi bien pointer ce qui paraît opposer les deux films : à l'environnement religieux du premier s'oppose le cadre mondain du deuxième, et à une histoire de dévotion et de rédemption une vengeance de maîtresse délaissée. *Les Dames du bois de Boulogne* raconte en effet comment, abandonnée par son amant, une femme riche, Hélène (Maria Casarès), conçoit une vengeance retorse en organisant le mariage de celui qui l'a quitté, Jean (Paul Bernard) avec une jeune femme, Agnès (Élina Labourdette), qu'un

Robert Bresson dirige ses actrices, Élina Labourdette et Lucienne Bogaert, au bois de Boulogne.

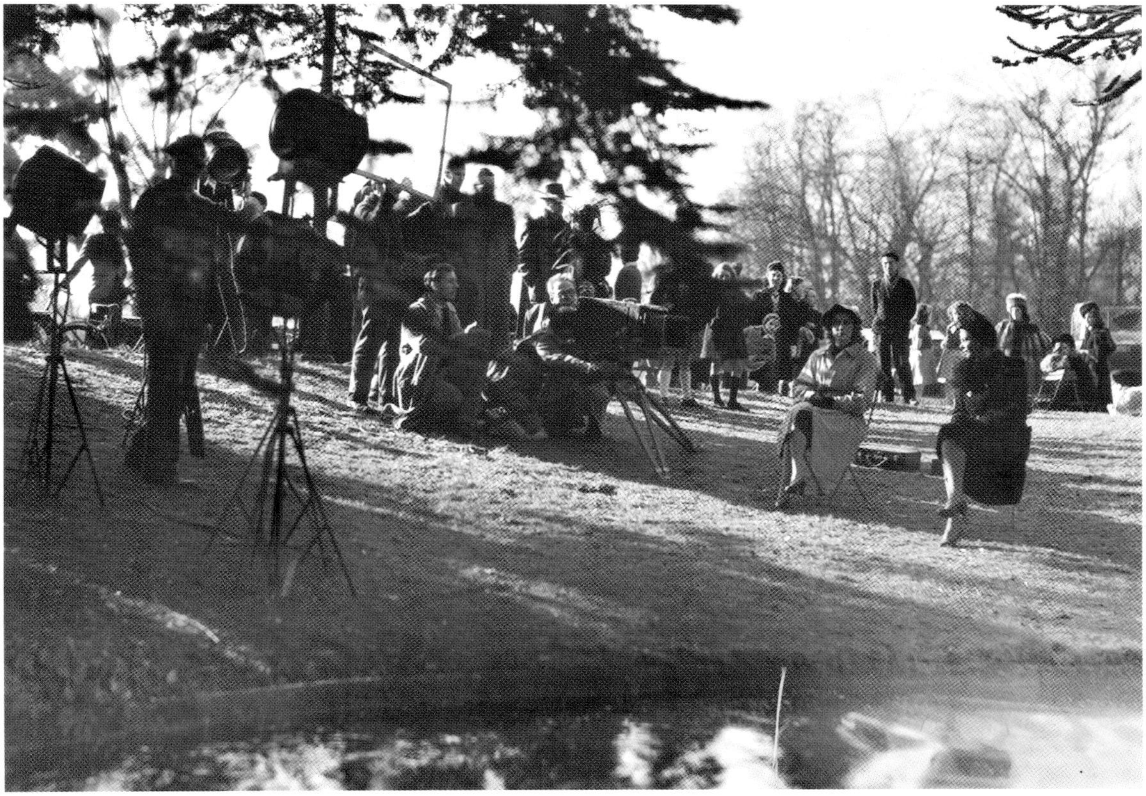

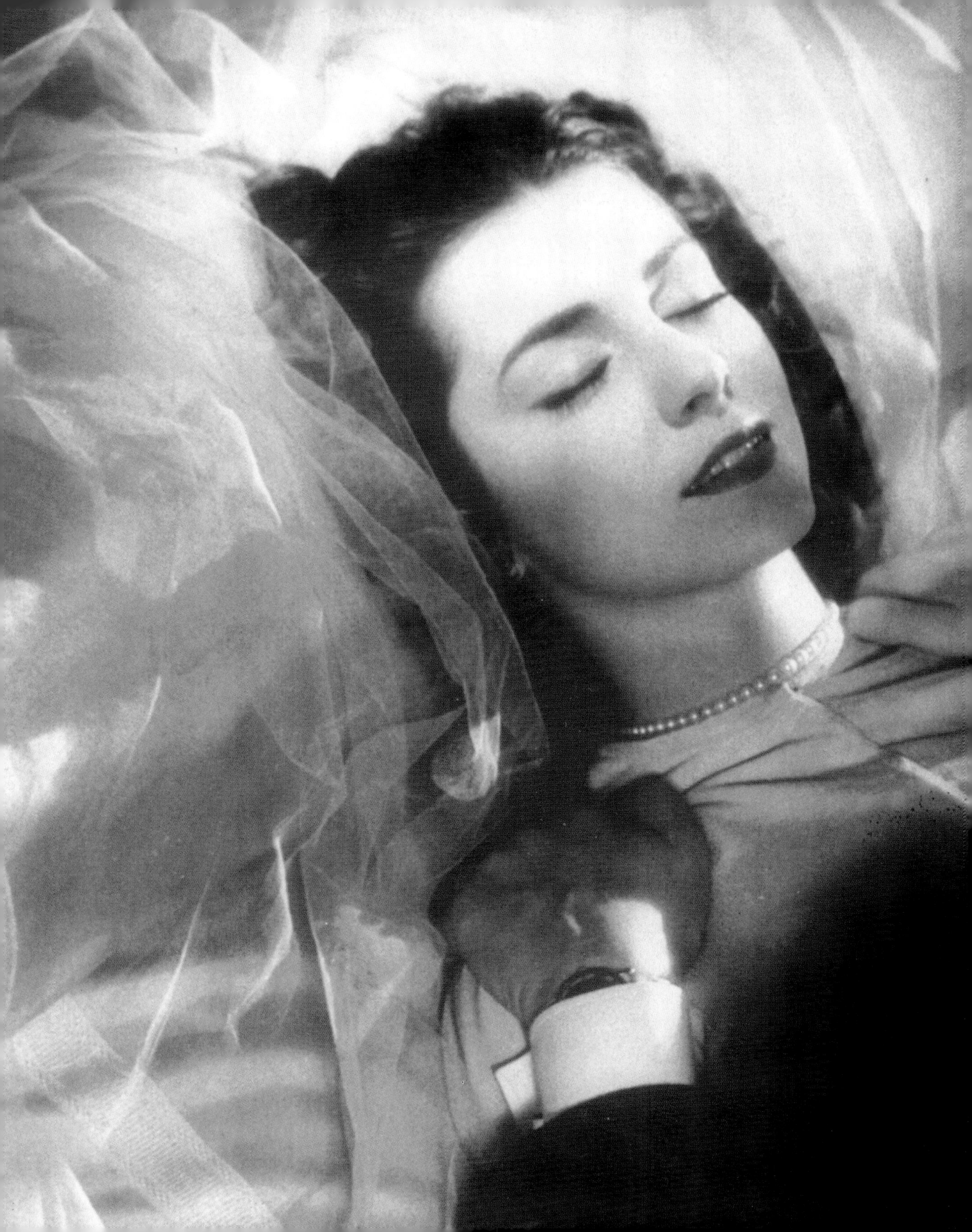

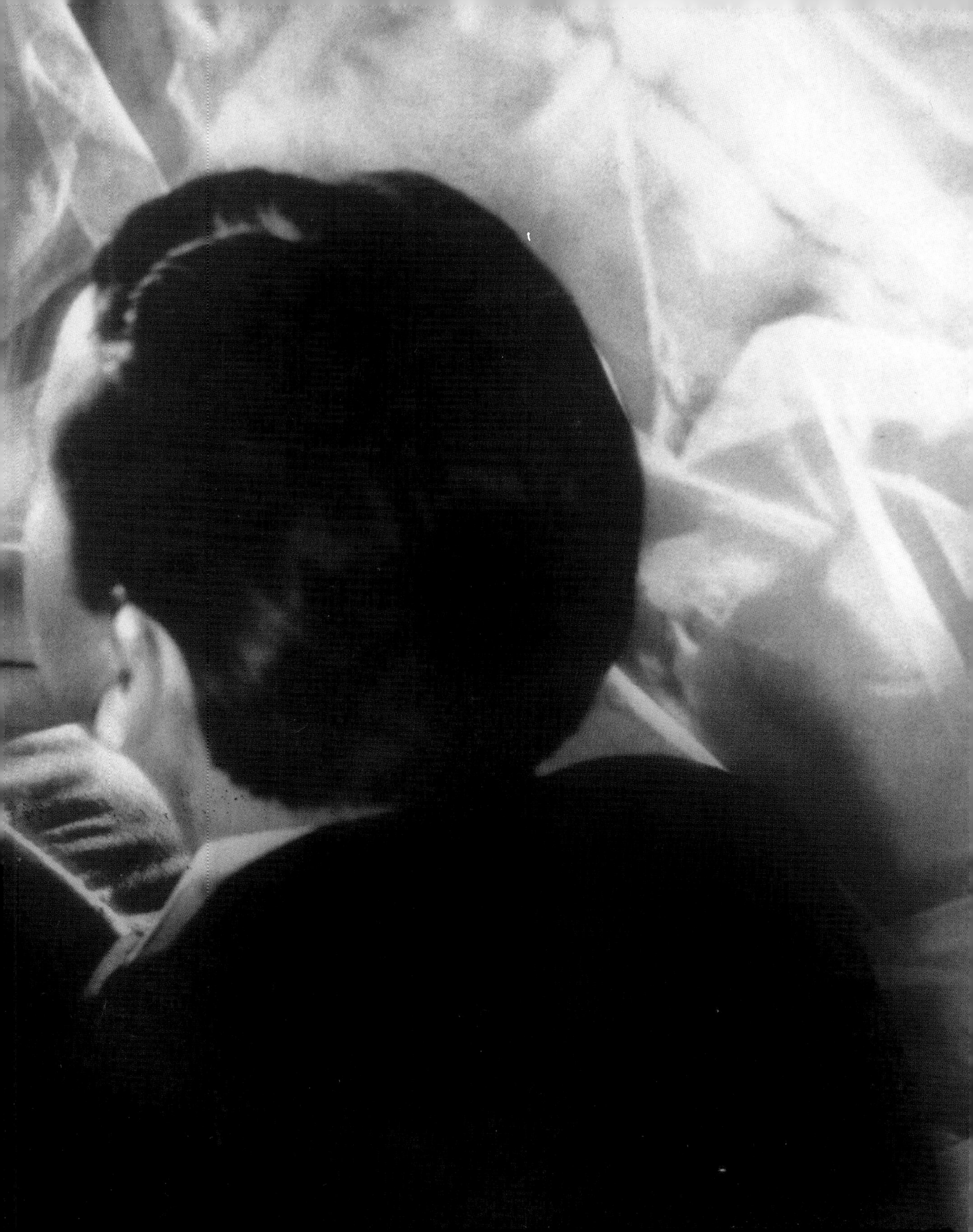

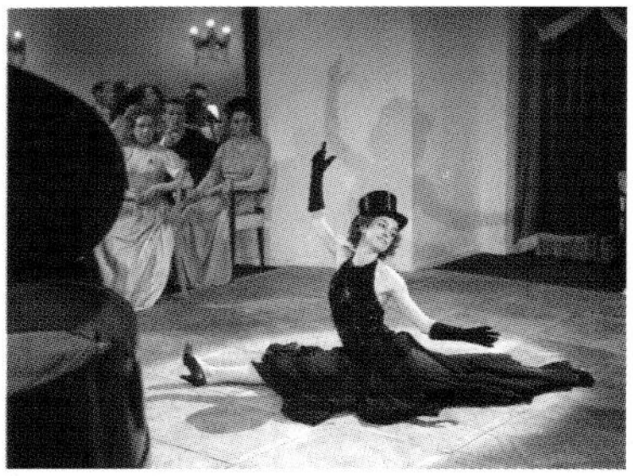

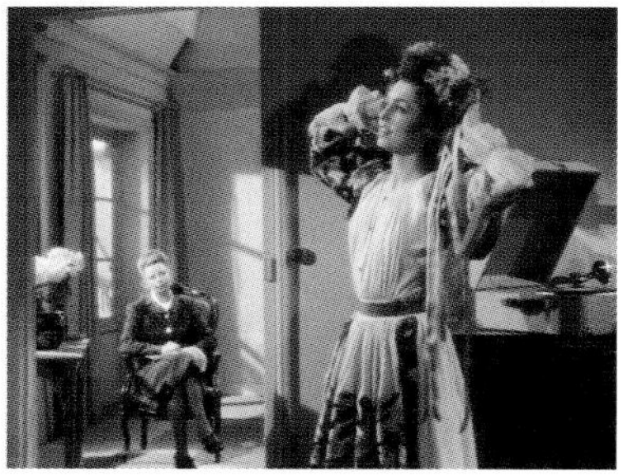

Les danses d'Agnès (Élina Labourdette).

7. Ou d'art poétique : « À la fin de son *Dialogue avec Robert Bresson*, publié dans *L'Écran français* du 17 novembre 1946, Jean Quéval indiquait que son interlocuteur lui avait beaucoup parlé de rimes, de métriques », rappelle Jean Sémolué (*Bresson*, *op. cit.*).

Pages précédentes :

Élina Labourdette et Paul Bernard dans *Les Dames du bois de Boulogne*.

revers de fortune a menée à se prostituer pour subvenir à ses besoins et à ceux de sa mère (Lucienne Bogaert). Situé dans la haute société, ce récit pourrait aisément donner lieu à une pièce de boulevard, au mieux à un cruel marivaudage – et, sans doute du fait des origines « dix-huitième siècle » du texte, surtout au détour du sec « je me vengerai » d'Hélène qui semble faire écho au « alors, la guerre » de madame de Merteuil, on peut par moment songer aux *Liaisons dangereuses*. Il y a encore beaucoup d'affectation ici, dans le scénario surtout. Ce système de conventions semble n'exister que pour mieux ouvrir la possibilité d'une présence, plus inquiétante que dans *Les Anges du péché*.

La détermination d'Hélène, l'amour que porte Jean à Agnès, la défiance de celle-ci envers les pièges du monde, le désir de la mère d'échapper à une déchéance : rien n'est montré avec bienveillance, dans ce film terrible. Ce que filme ici Bresson, ce sont des intensités, des enchaînements, des assemblages action-réaction. *Les Dames du bois de Boulogne* ferait songer à un exercice de virtuosité musicale plus encore que cinématographique[7], si ne prenait existence une force mystérieuse qui hante le film de manière presque monstrueuse, et qui n'a pour le coup rien de religieux. Disons, faute de mieux, un élan vital, qui peut être pure volonté (Hélène), pulsion désirante (Jean), résistance à l'adversité (Agnès). Exigeant de ses interprètes une discipline qui contrecarre leurs habitudes de jeu, et notamment de diction, exigence qui lui vaudra d'ailleurs un vif conflit avec Maria Casarès, Bresson, qui prouve qu'il sait filmer les plus fines nuances sur un visage (admirable Casarès) comme la sensualité vive d'un jeune corps qui danse (très belle scène de découverte d'Agnès effectuant son numéro de cabaret, qui ne déparerait pas dans un *musical*), s'accommode sans difficulté des éléments luxueux, sait jouer du brillant d'une limousine noire, de la blancheur vaporeuse de la robe de mariée. Il montre qu'il peut filmer avec une violence effrayante l'agression des mâles en rut assiégeant la chambre de la jeune fille. Mais il trouve toute sa force, et sa raison d'être, dans un dépouillement des effets qui, réduisant l'intrigue à une petite mécanique méchante, ouvre un espace possible où la mise en scène – le travail du son est lui aussi admirable – capte cette énergie qui vibre en vain ici. Sauf à la toute fin, où il s'agit de

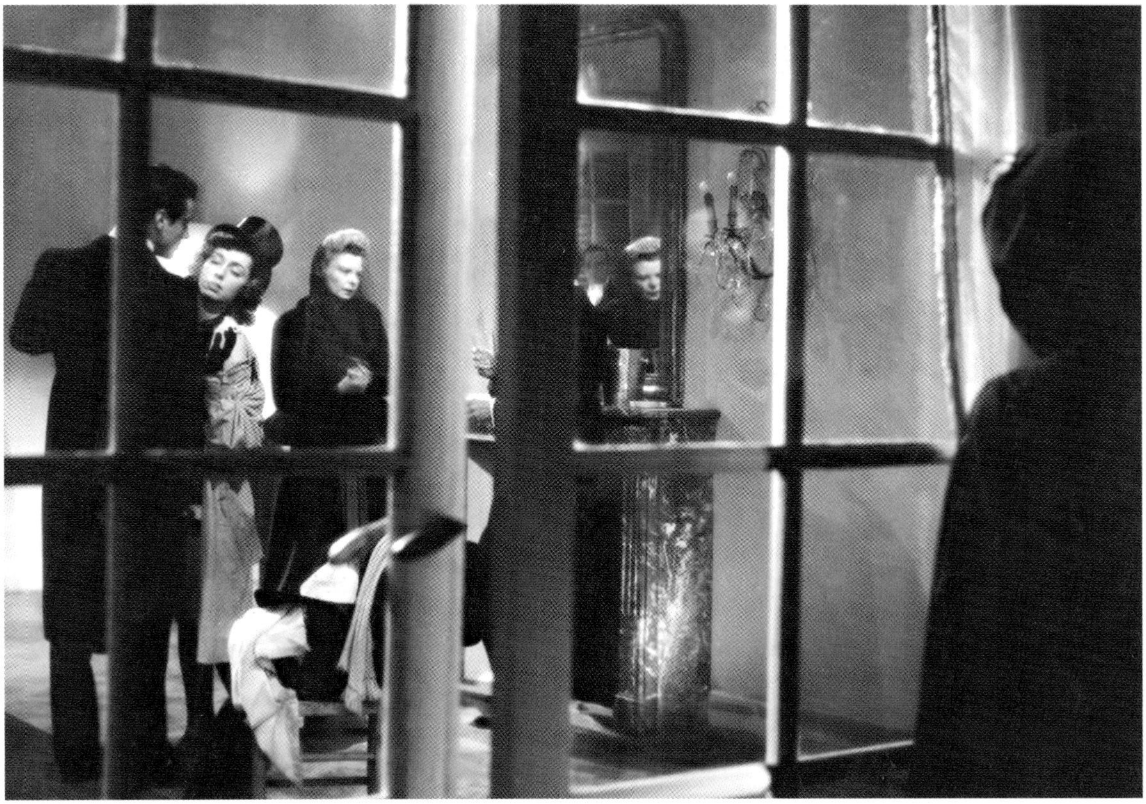

Les Dames du bois de Boulogne : Agnès avec son chapeau (Élina Labourdette), sa mère (Lucienne Bogaert) et, de dos, Hélène (Maria Casarès).

ne pas laisser mourir Agnès, où un sursaut réclame qu'in extremis cette énergie lui profite enfin. Au « je me vengerai » d'Hélène répond à distance le « je lutte » d'Agnès, qui entrouvre à la dernière minute le film vers ailleurs.

Journal d'un curé de campagne (1951)

Les Dames du bois de Boulogne, à nouveau, connaît un certain succès critique et public, que la célébrité de Cocteau et de Maria Casarès ne suffit pas à expliquer. Avec sa manière curieuse de faire parler ses acteurs, ce jeune réalisateur qui expurge ses films de tout pathos intrigue et attire l'attention.

Il réalise ensuite *Journal d'un curé de campagne*, d'après le livre de Georges Bernanos. S'il en garde le titre, c'est que le rapport au texte écrit est ici essentiel : à l'épineuse question de l'adaptation, Bresson va apporter la plus foudroyante des réponses, la démonstration qu'il est possible de réaliser une œuvre qui appartient entièrement à l'art du cinéma, qui mise sur ses seules ressources, en inventant les moyens de rester dans une extrême proximité à la lettre du livre[8]. Proximité qui

8. Trois ans plus tôt, Jean-Pierre Melville avait exploré une voie comparable dans sa manière de porter à l'écran *Le Silence de la mer* de Vercors.

9. L'écrivain avait auparavant refusé deux autres adaptations de son œuvre, par deux « vedettes » pourtant, Jean Aurenche et le père Bruckberger.

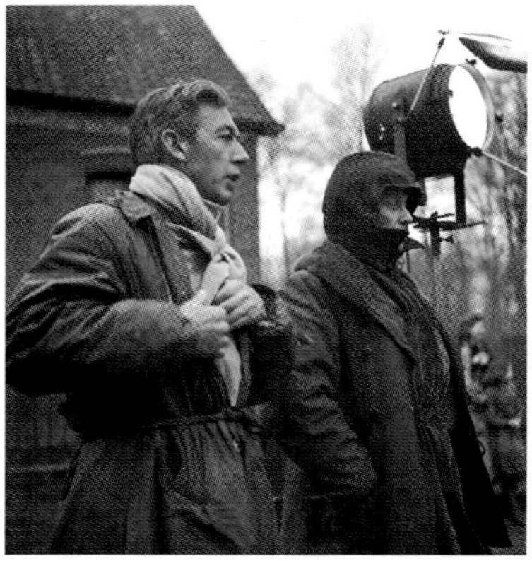

Bresson et son chef opérateur Léonce-Henri Burel sur le tournage de *Journal d'un curé de campagne.*

est le contraire même de l'illustration, gage que cette adaptation retrouvera ainsi l'esprit même de l'œuvre de Bernanos[9]. Livre et film racontent donc l'un et l'autre le quotidien du jeune curé du village d'Ambricourt, dans le nord de la France, tel que celui-ci note dans son journal les péripéties d'un sacerdoce entièrement voué à faire le bien selon l'Évangile, dans un environnement hostile ou indifférent, et tandis que s'aggrave une maladie qui l'emportera.

Le thème, de manière encore plus directe si possible que dans *Les Anges du péché*, est ici religieux. Bresson reprend cette interrogation de Bernanos, la possibilité de la sainteté dans le monde réel, l'épreuve du don de soi au nom d'une doctrine tenue pour porteuse du bien, dans la réalité triviale, mesquine, indifférente, du quotidien. Il ne fait aucun doute que, comme chrétien, Bresson partage cette réflexion, tout comme il est acquis que Bernanos s'est reconnu dans le film. Pourtant le passage du livre au film en change la portée, et dépasse la dimension religieuse. Parce qu'il y a des corps, parce qu'il y a des voix, parce qu'il y a des visages.

Le défi que se lance à lui même le petit curé d'Ambricourt n'est plus seulement celui d'un prêtre, ou d'un religieux, ou d'un militant entièrement voué à une cause, il est celui d'un être humain. Bresson sait-il seulement qu'il filme aussi, et finalement surtout, ça ? On l'ignore. L'image cette fois est due à un nouveau chef opérateur, Léonce-Henri Burel (qui signera aussi les prises de vues des trois films suivants). Moins ciselée que celle d'Agostini, plus modeste, elle convient à la trivialité des environnements, elle accompagne sans y ajouter une majesté qui, ici, serait un contresens, les démêlés du curé avec ses paroissiens, son mentor, les quelques rencontres qui jalonnent sa triste marche vers la mort.

Journal d'un curé de campagne affiche un parti pris étonnant, celui de la présence de l'écriture à l'écran, de manière insistante, et que redouble la voix off de l'interprète, l'inoubliable Claude Laydu, qui pas plus lorsqu'il parle que lorsqu'il agit à l'écran ne « joue » le personnage ou la situation. Et voilà que cette apparente absence de jeu est plus émouvante et plus vraie que tous les déploiements de techniques d'acteur.

À l'avenir, Robert Bresson emploiera très fréquemment l'écriture manuscrite à l'image. Cette écriture, qui souvent occupe tout l'écran, atteste dans le *Journal* à la fois l'origine

Page de droite :

Le curé d'Ambricourt (Claude Laydu) et Chantal (Nicole Ladmiral).

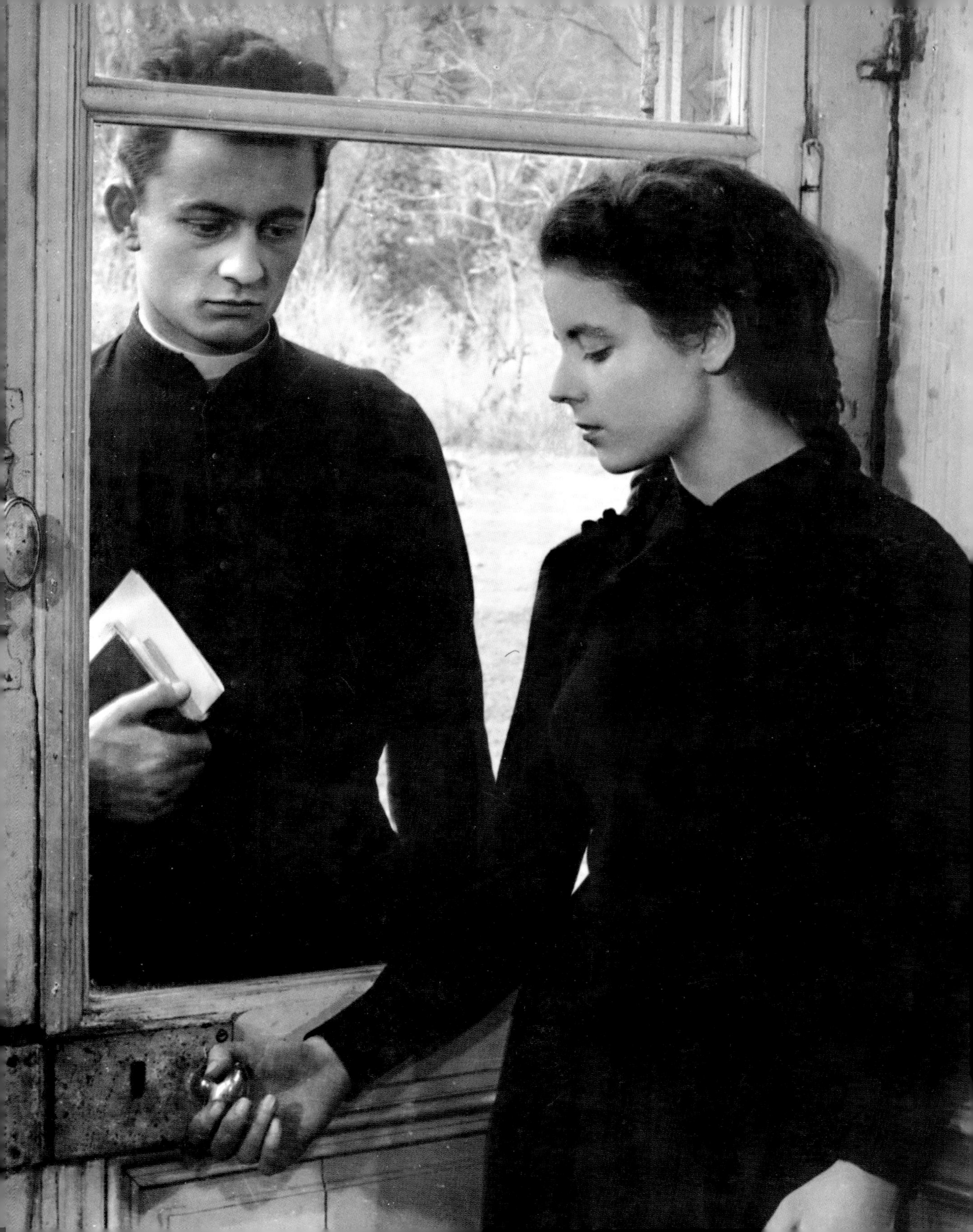

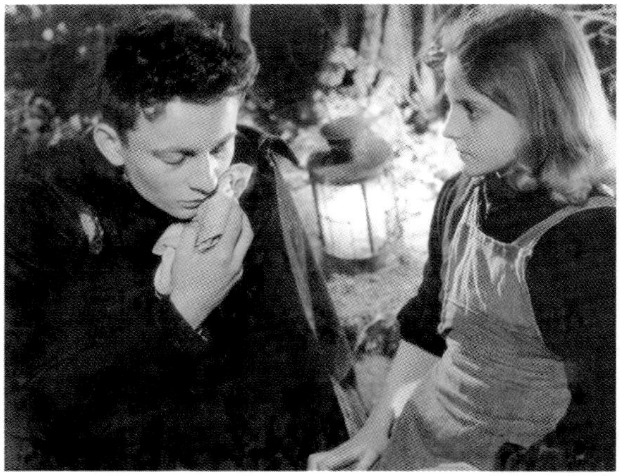

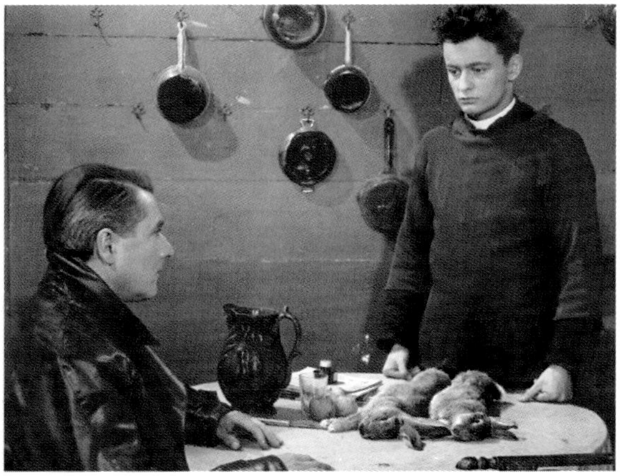

Journal d'un curé de campagne :
Claude Laydu avec Martine Lemaire
et avec Jean Riveyre.

littéraire du film et l'importance de ce que le personnage est capable de dire lui-même « avec une franchise absolue » de ce qu'il fait et éprouve. Ce double « je » (l'écriture, la voix) est une rupture avec les deux premiers films, qui atteignaient à une beauté puissante et mystérieuse grâce à la distance qu'ils établissaient, à une mise en scène en retrait. Cette intimité sans complaisance s'avère plus mystérieuse encore que l'observation avec recul, en même temps qu'elle engendre une émotion qui doit moins à la beauté apparente des images, et presque tout à des « vibrations de l'âme », comme l'écrit André Bazin dans un texte qui fera date[10]. Bazin montre admirablement comment l'énoncé en voix off de ce qu'on voit en même temps s'écrire à l'image, loin de s'enfermer dans un redoublement stérile, ouvre au contraire des interstices de troubles, de vibrations émotionnelles presque infinis.

Ces apparents paradoxes, qui misent sur le plus simple pour atteindre le plus profond, sont au cœur du cinéma selon Robert Bresson.

10. « *Le Journal d'un curé de campagne* et la stylistique de Robert Bresson », *Cahiers du cinéma*, n° 3, juin 1951 ; repris dans *Qu'est-ce que le cinéma ?* (rééd. Cerf, 1985).

***Un condamné à mort s'est échappé* (1956)**

Produit et distribué par une grande société, Gaumont, et doté d'une fin heureuse (ce qui ne sera plus jamais le cas), son quatrième film est son plus grand succès commercial. Ce succès public, dimension à laquelle Bresson fut toujours sensible, l'a certainement conforté dans l'idée qu'il est possible de s'adresser à un nombre important de spectateurs en pratiquant l'idée qu'il se fait de son art. Dans *Notes sur le cinématographe*, qu'il a commencé à rédiger en 1950, il nomme « cinématographe » l'art qu'il appelle de ses vœux et qu'il entend pratiquer, par opposition au « cinéma », qui désigne une domination indue du théâtre[11]. Un des aspects essentiels de son approche concerne les interprètes, sa condamnation du recours, à l'écran, à des acteurs professionnels. Le conflit avec Maria Casarès sur le tournage des *Dames du bois de Boulogne* a conforté son idée qu'avec des comédiens il devrait toujours se battre contre leurs habitudes. Manière de se tenir, manière de bouger, manière de parler, il cherche d'autres modes d'existence de corps à l'écran qui ne viennent pas du théâtre et n'imitent pas la réalité mais permettent à la singularité expressive de se déployer. Pour la première fois, il a mis en œuvre ce refus avec *Journal d'un curé de campagne*, mais sans le revendiquer et dans un film qui a pu, à tort, passer pour « naturaliste ». *Un condamné à mort* est l'affirmation éclatante de son approche non naturaliste (qui n'imite pas la réalité), et plus généralement des choix de réalisation dont la singularité se repère d'autant mieux qu'il s'agit d'une histoire classique au cinéma : un récit d'aventures (une évasion) dans un contexte dramatique fréquemment évoqué à l'écran (l'Occupation).

11. Une fidélité absolue à la pensée de Robert Bresson supposerait de recourir ici à la même opposition entre cinématographe et cinéma, et à ne pas utiliser désormais le mot « cinéma » à propos des films de Bresson. Ce n'est pas ainsi que ce livre est conçu. Je crois en effet que si l'œuvre de Bresson brûle d'un feu unique, elle appartient pourtant au cinéma, à son histoire et à son actualité.

Un condamné à mort s'est échappé montre de manière exemplaire comment le cinéma est susceptible de donner à percevoir l'invisible en travaillant au plus près, au moins artificiel du visible. L'action impérieuse, longue, exigeante du réalisateur sur le tournage vise à nettoyer une réalité superficielle parasitée par un grand nombre d'artifices, de clichés, d'ajouts inutiles et perturbants. Bresson passe pour tyrannique sur ses plateaux, mais c'est pour arracher le film à la gangue des clichés et des habitudes dans la manière de jouer, de filmer, de parler, etc. « Idéaliste », au sens où il cherche à filmer des *idées*, à trouver la présence des idées dans le monde matériel comme ce qui s'y trouve de plus essentiel, c'est un idéaliste qui ne croit qu'à la présence matérielle des êtres et des choses. Seul lui importe l'esprit, mais tel que l'atteste la chair, l'invisible, mais comme habitant intensément le visible. Pour lui, le cinématographe est par excellence le dispositif propre à rendre cela perceptible, pourvu qu'on en use comme il convient. Il écrira dans ses *Notes* (p. 81) que ce qu'il faut chercher à capter, ce sont : « LES LIENS QU'ATTENDENT LES ÊTRES ET LES CHOSES POUR VIVRE. » Il l'écrit même en majuscules.

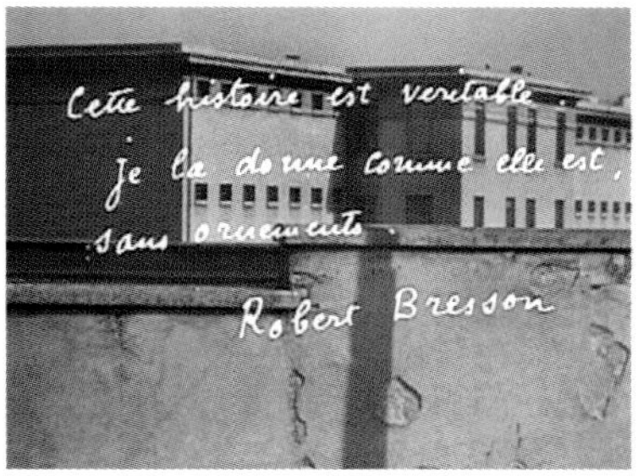

Le début
d'*Un condamné à mort s'est échappé*.

Bresson et les livres

La quasi-totalité des films de Bresson sont inspirés d'un texte écrit. Seuls *Pickpocket*, *Balthazar* et *Le Diable* échappent à cette règle. Les textes qui l'ont inspiré sont de natures variées : il peut s'agir de romans (*Béthanie* de Giraudoux pour *Les Anges du péché*, une partie de *Jacques le Fataliste* pour *Les Dames du bois de Boulogne*, *Journal d'un curé de campagne* et *La Nouvelle Histoire de Mouchette* de Bernanos, et le projet inabouti de *La Princesse de Clèves*), ou de nouvelles (*La Douce* de Dostoïevski, *Les Nuits blanches* du même auteur pour *Quatre Nuits d'un rêveur*, *Le Faux Billet* de Tolstoï pour *L'Argent*), du « cycle arthurien » tel que l'a consigné Chrétien de Troyes (*Lancelot du lac*), du texte biblique (le projet inabouti de *La Genèse*), d'archives historiques (les minutes du procès de Jeanne d'Arc), ou même d'un article de journal (le récit autobiographique d'André Devigny, dans *Le Figaro* du 20 novembre 1954, pour *Un condamné à mort s'est échappé*).

Mais surtout, chaque film ayant partie liée à un écrit invente une réponse particulière, une distance et un système d'échos vis-à-vis de l'écrit. Le seul point commun à ces réponses singulières est qu'*aucune* ne ressemble au processus d'adaptation habituel au cinéma, fondé sur une illustration des mots par des images, et une profération des dialogues cherchant un impossible naturel. Bresson était un lecteur passionné, il portait aux grands textes une admiration extrême, il cherchait à inventer un autre art, le cinématographe, capable de la même puissance expressive, avec des moyens complètement différents. Et il aimait assez le geste même de l'écriture pour en avoir fait un leitmotiv de son cinéma, comme pour mieux revendiquer cette présence, mais aussi la différence entre écrire et filmer. Cette présence visible des mots renvoie aussi à l'importance du « verbe » dans les religions monothéistes, du « Au commencement était le verbe » de l'Ancien Testament au « Le verbe s'est fait chair » de l'Évangile. Le chemin de l'écrit à l'image peut passer par une proximité radicale avec la lettre du texte d'origine, comme c'est le cas du *Journal d'un curé de campagne*, roman dont le personnage principal, comme son titre l'indique, existe à travers ses écrits. L'invention du film peut aussi revendiquer une grande liberté vis-à-vis du texte, comme Bresson le revendiquera, à propos de *Quatre Nuits d'un rêveur* : « Je me suis permis de le tripatouiller [le texte de Dostoïevski] parce que ce n'est pas une chose parfaite, comme ses grands romans. » Parfois, de simples glissements gauchissent l'esprit même du texte, comme *Les Anges du péché*, pourtant rédigé par un des écrivains les plus réputés de son temps, pour un débutant, dans le cas singulier d'une œuvre créée en deux temps : un livre destiné à être publié et adapté simultanément. Mais toujours Bresson se défiera du commentaire que l'écrivain cherche souvent à donner sur les faits et gestes de ses personnages, et en particulier de toute explicitation psychologique. Il confiera à Jacques Fieschi, à propos du *Diable* : « J'admire beaucoup Stendhal, mais il cherche à tout expliquer. Il écrit des pages et des pages pour rendre plausible la tentative de meurtre de Julien Sorel. Dans la scène avec le psychanalyste, j'ai donné un certain nombre d'informations sur le personnage de Charles, pour le situer et le comprendre. Il fallait dire cela rapidement. Il y a une unité du film qu'il faut respecter. » Cette manière de faire a surtout le mérite, en montrant beaucoup, de laisser un immense espace au spectateur pour construire, pour lui-même, les explications possibles – ou rester confronté au mystère d'actes dont nul ne possède l'entière explication.

Ces liens sont la matière même d'*Un condamné à mort s'est échappé*. Comme le rappelle un carton au début du film, celui-ci est inspiré d'une histoire vraie, celle de l'évasion d'un officier membre de la Résistance sous l'Occupation. Le film est le récit méticuleux des actes précis accomplis par le personnage principal, Fontaine, pour mener à bien son projet. Authentique, l'aventure est présentée à la fois comme un très réel exploit pour sauver sa vie et reprendre le combat, et comme une rédemption, une manière de se sauver spirituellement. Fontaine tresse des cordes, gratte la colle qui fait tenir ensemble les planches de la porte de sa cellule, tord des morceaux de métal pour en faire des crochets : ce sont des gestes techniques, et en même temps ce sont des pratiques d'une sorte de mystique très concrète qui mène à une libération de l'âme aussi bien que du corps.

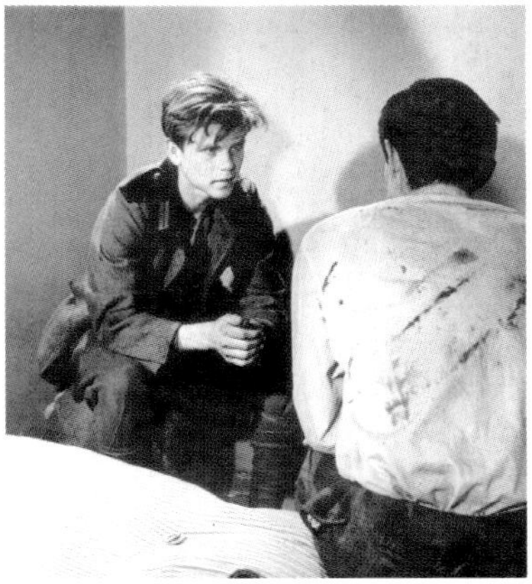

Charles Le Clainche (le jeune Jost) et François Leterrier (Fontaine).

Sa liberté, c'est-à-dire son sauvetage physique et spirituel, le personnage la conquiert bien avant son évasion. Pas seulement parce que prisonnier, battu, condamné, il ne se résigne pas, mais parce qu'en tant qu'être humain, il en construit constamment les conditions matérielles. Le condamné ne cesse jamais de s'échapper. Et, bien entendu, « condamnés à mort », tous les humains le sont. Par son caractère localisé dès le premier plan et les deux cartons informatifs qui l'ouvrent, par toute sa réalisation entièrement du côté des faits les plus modestes, le film devient aussi une parabole sur la liberté de l'homme face à la réalité de ses conditions d'existence, au nom de ce qui à la fois le dépasse, le justifie et le sauve.

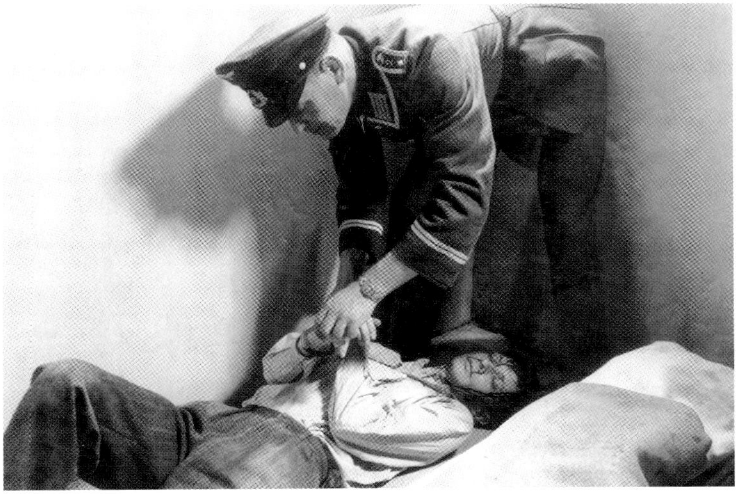

François Leterrier joue le lieutenant Fontaine, emprisonné par les nazis sous l'Occupation.

Sous son apparente extrême simplicité (la rigueur linéaire du cheminement de Fontaine vers son évasion), le film trouve le moyen d'ouvrir des questionnements complexes en faisant appel à plusieurs personnages secondaires, dont un pasteur, un prêtre catholique, Blanchet le vieux voisin de cellule, Orsini celui qui essaie et échoue, qui incarnent différentes possibilités de gloses morales et religieuses sur la situation du personnage principal.

Les gestes techniques pour sortir de la cellule et escalader les murs occupent la place principale d'une morale de l'action, action qui peut d'ailleurs être violente (Fontaine tue pour mener à bien son projet, et s'il hésite à accomplir cet acte-là, il ne doute pas qu'il faille le commettre). Mais la mise en scène elle-même relaie et déploie la nature, qu'il faut bien à certains égards dire mystique, de ce qu'accomplit Fontaine. Par exemple : le monde réel tel que le filme Bresson est un monde fragmenté, jamais on ne voit un espace dans sa totalité, c'est comme si la véritable prison était ce morcellement du quotidien, qui fait qu'on ne verra même jamais en entier la cellule pourtant exiguë du prisonnier. Ce qui donne une unité au monde, c'est l'action de l'homme, ce sont ses gestes. Et ces gestes, ce sont essentiellement les mains qui les accomplissent – alors que les pieds en marche, autre motif appelé à devenir récurrent, manifestent le fractionnement de l'espace, et l'impérieuse nécessité d'accomplir les trajets, de relier les points.

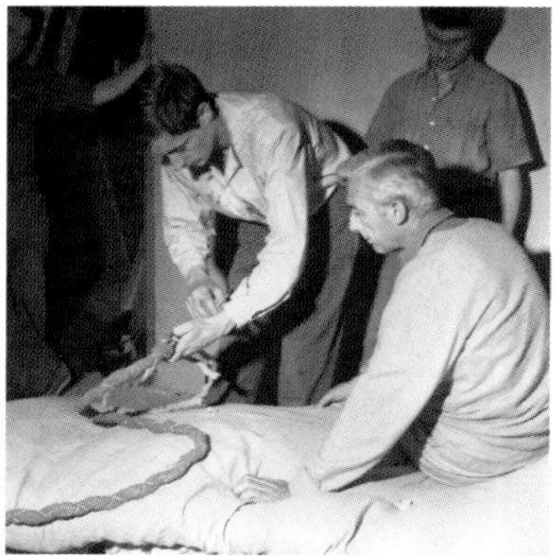
Bresson, son acteur et l'accessoire essentiel : la corde.

Tout dans le film n'est pourtant pas seulement du côté des gestes, les mots aussi peuvent être des actes qui fabriquent les conditions du salut. En atteste l'admirable séquence où Fontaine doit trouver les mots justes pour convaincre l'adolescent qui lui inspire tant de soupçons de se joindre à lui : il le « travaille » comme il a travaillé des lanières de tissu et tressé du fil de fer pour en faire d'autres auxiliaires de son évasion. Jost s'avère d'ailleurs aussi nécessaire à la réussite de l'entreprise que les ustensiles fabriqués. Ce Jost est aussi comme ces non-acteurs que préfère désormais Bresson, et il sert la réalisation de Fontaine dans ce même mélange de dévouement, de maladresse et d'engagement physique que Bresson réclame et obtient de ses interprètes (ceux qu'il nomme désormais ses « modèles ») pour la réalisation de ses films.

Les choix de réalisation et de montage sont tous portés par l'importance de ce qui, au-delà de la seule mécanique

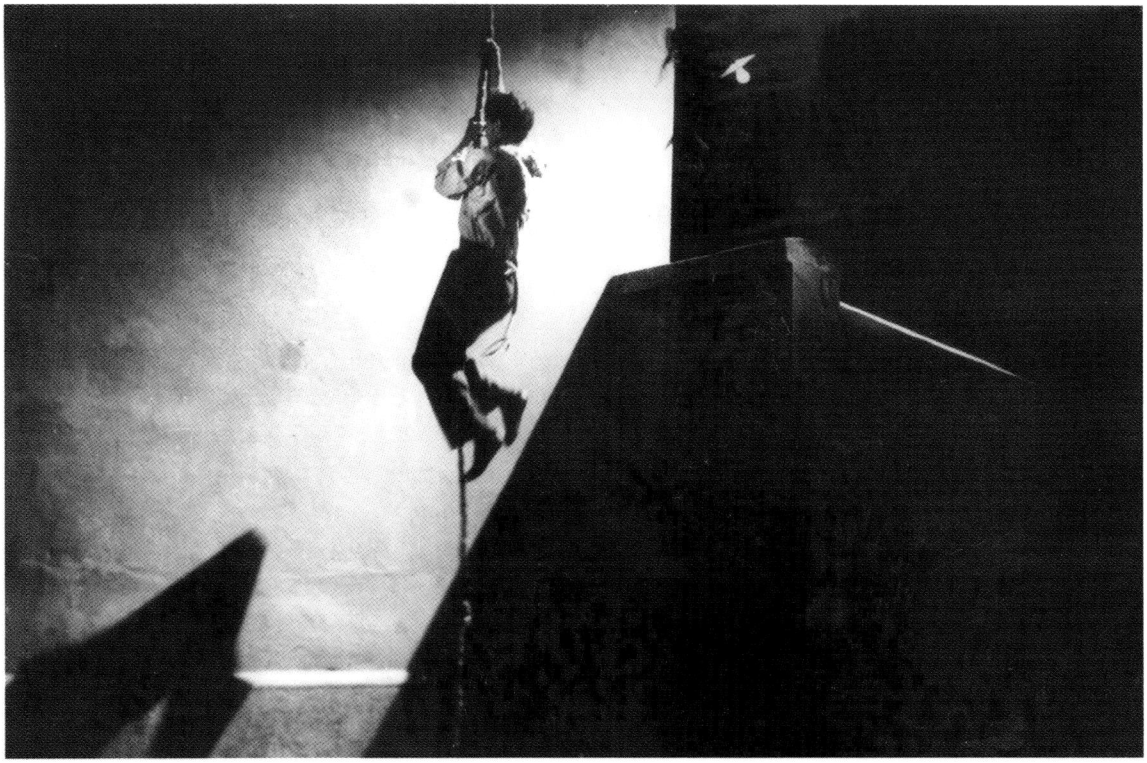

L'évasion de Fontaine.

des causes et des effets, « relie hommes et choses pour vivre[12] ». Outre *Un condamne à mort s'est échappé,* le film a un deuxième titre, *Le vent souffle où il veut.* Si cette phrase semble évoquer la liberté, elle a en réalité un sens plus précis, lié à sa source, que le film explicite. Cette phrase vient de la Bible, elle est extraite d'un passage de l'Évangile selon saint Jean où le Christ dit : « Si un homme ne naît de nouveau, il ne peut voir le royaume de Dieu. [...] Le vent souffle où il veut, et tu en entends le bruit ; mais tu ne sais d'où il vient, ni où il va. Il en est ainsi de tout homme qui est né de l'Esprit. »

Ce qui veut dire qu'il ne suffit pas pour être homme, et donc capable d'être sauvé, d'être né matériellement, mais qu'il faut naître une deuxième fois, spirituellement. En grec, la langue des Évangiles, « l'Esprit » et « le vent » correspondent au même mot, mais tous les traducteurs sont d'accord pour considérer que la parabole recourt ici au phénomène physique, le vent, pour dire l'idée abstraite, l'Esprit. Ce sont « les courants qui passent ». Au cœur du cinéma de Robert Bresson, la liberté terrestre et le salut mystique ne font qu'un.

12. Aux *Cahiers du cinéma* qui lui demandaient par exemple pourquoi il n'avait pas montré le meurtre du garde, Bresson répondait : « Le sujet n'est pas dans ces mains qui étranglent ; il est ailleurs, *dans ces courants qui passent.* À ce moment-là, les objets sont beaucoup plus importants que les personnages. La terrasse là-haut, ce mur, ce noir, le bruit du train sont plus importants encore que ce qui se passe. Les objets et les bruits sont alors, dans un sens mystique si vous voulez, en communion intime avec l'homme » (« Propos de Robert Bresson », *Cahiers du cinéma*, n° 75, octobre 1957).

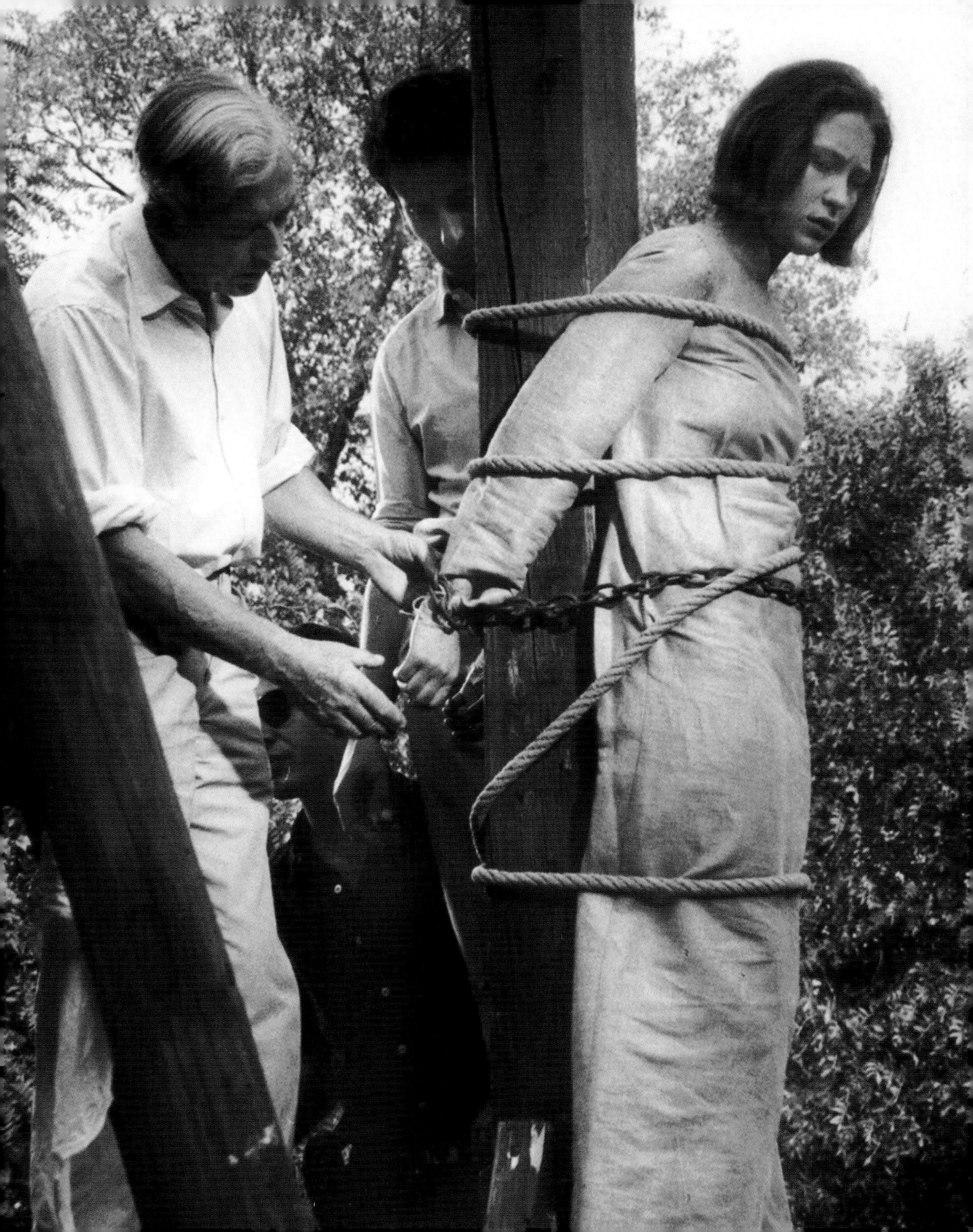

Le grand style

De *Pickpocket* à *Mouchette*

Dès 1945, le grand cinéaste Jacques Becker, pourtant considéré comme beaucoup plus consensuel, avait salué l'approche de Bresson, dans un texte remarqué, « Hommage à Robert Bresson[13] ». Becker louait son confrère au nom du style, et on peut reprendre l'expression pour caractériser la construction méthodique par Robert Bresson du système de choix qui définit sa mise en scène.

13. *L'Écran français*, n° 16, 17 octobre 1945.

Les exigences rigoureuses inscrites dans *Notes sur le cinématographe* sont autant de repères pour la construction du style : elles posent les fondations des films à faire. Mais il faut ajouter aussitôt que cette exigence extrême n'est pas, loin s'en faut, une construction intellectuelle. Bresson sait, d'un savoir très sûr, comment filmer chaque scène, et mieux encore comment il n'est pas question, pour lui, de la filmer. Mais ce savoir est tout autant sensibilité que science, et sa détermination à imposer ses choix stylistiques s'appuie sur un instinct implacable davantage sans doute que sur une réflexion théorique. C'est pourquoi qui cherchera à s'en servir comme un manuel, ou pire, comme un bréviaire, s'expose à de graves désillusions. Si le livre paraît en 1975, l'essentiel de son élaboration est parallèle à cette mise au point progressive de ses moyens artistiques décrite dans le précédent chapitre. La période qui s'ouvre sera celle de leur mise en œuvre « à plein régime ».

Pickpocket (1959)

Pickpocket est un scénario pour la première fois entièrement dû à Robert Bresson, même si son personnage principal emprunte à des figures de Dostoïevski, notamment le héros

Page de gauche :

Robert Bresson et Jeanne au bûcher : tournage de *Procès de Jeanne d'Arc*.

Notes sur le cinématographe (extraits)

Notes sur le cinématographe *a été rédigé par Robert Bresson parallèlement à son activité de cinéaste. Le livre se compose de brèves réflexions sur les différents aspects de son travail, selon sa conception de l'art du cinématographe qu'il l'appelle de ses vœux, par opposition au « cinéma » dominant, défini par sa soumission au théâtre.*

Un grand nombre de notes porte sur les « modèles », comme il nomme ses interprètes, par opposition aux acteurs qui relèvent de la pratique théâtrale. Il s'agit véritablement de notes de travail, et malgré le recours à des intertitres désignant des thèmes (« Modèles », « Des regards », « Du vrai et du faux », « De la musique », « De l'automatisme », « De la pauvreté », « Le réel », « De la fragmentation »), leur enchaînement suggère la réflexion « à chaud » de Bresson, sa volonté de garder trace de manières, parfois transitoires et parfois répétitives (une note, « Retouche du réel avec du réel », figure même deux fois, pages 53 et 90), de fixer un aspect de sa réflexion.

Ces notes prennent parfois la forme de conseils qu'il s'adresse à lui-même (et, éventuellement, à d'autres), d'autres sont des commentaires sur des situations de tournage qu'il a rencontrées, ou des films auxquels il a assisté. Il comporte également un certain nombre de citations d'autres auteurs.

La plus grande part des notes sont réunies dans un chapitre qui porte comme titre la période de leur rédaction : « 1950-1958 ». Une deuxième partie, sensiblement plus courte, s'intitule : « Autres notes 1960-1974 ». Publié en 1975 chez Gallimard (NRF), Notes sur le cinématographe *a été depuis réédité en Folio.*

Les extraits choisis ci-dessous visent à donner un aperçu de l'approche de son travail et de son art par Robert Bresson, et de la fermeté de formulation qu'il donnait à sa pensée.

Autant que possible, ils reproduisent la typographie et la mise en page des Notes. *Leur ordre est celui dans lequel elles figurent dans le livre.*

*

Metteur en scène ou *director.* Il ne s'agit pas de diriger quelqu'un, mais de se diriger soi-même.

*

Pas d'acteurs.
(Pas de direction d'acteurs.)
Pas de rôles.
(Pas d'étude de rôles.)
Pas de mise en scène.
Mais l'emploi de modèles, pris dans la vie.
ÊTRE (modèles) au lieu de PARAÎTRE (acteurs).

MODÈLES :

Mouvement du dehors vers le dedans. (Acteurs : mouvement du dedans vers le dehors.)
L'important n'est pas ce qu'ils me montrent mais ce qu'ils me cachent, et surtout *ce qu'ils ne soupçonnent pas qui est en eux.*

[...]

(1925 ?) Le CINÉMA SONORE ouvre ses portes au théâtre qui occupe la place et l'entoure de barbelés.

[...]

LE CINÉMATOGRAPHE EST UNE ÉCRITURE AVEC DES IMAGES EN MOUVEMENT ET DES SONS.

[...]

Il faut qu'une image se transforme au contact d'autres images comme une couleur au contact d'autres couleurs. Un bleu n'est pas le même à côté d'un vert, d'un jaune, d'un rouge. Pas d'art sans transformation.

[…]

Film de cinématographe où les images, comme les mots du dictionnaire, n'ont de pouvoir et de valeur que par leur position et relation.

*

Si une image, regardée à part, exprime nettement quelque chose, si elle comporte une interprétation, elle ne se transformera pas au contact d'autres images. Les autres images n'auront aucun pouvoir sur elle, et elle n'aura aucun pouvoir sur les autres images. Ni action, ni réaction. Elle est définitive et inutilisable dans le système du cinématographe. (Un système ne règle pas tout. Il est une amorce à quelque chose.)

[…]

Aplatir mes images (comme avec un fer à repasser), *sans les atténuer*.

[…]

La Force éjaculatrice de l'œil.

[…]

Le CINÉMA puise dans un fonds commun. Le cinématographe fait un voyage de découverte vers une planète inconnue.

[…]

Ne cours pas après la poésie. Elle pénètre toute seule par les jointures (ellipses).

[…]

Images et sons comme des gens qui font connaissance en route et ne peuvent plus se séparer.

[…]

Rapprocher les choses qui n'ont encore jamais été rapprochées et ne semblaient pas prédisposés à l'être.

[…]

Valeur rythmique d'un bruit. Bruit de porte qui s'ouvre et se ferme, bruit de pas, etc., pour la nécessité du rythme.

[…]

Ce qui est pour l'œil ne doit pas faire double emploi avec ce qui est pour l'oreille.

[…]

Aux tactiques de vitesse, de bruit, opposer des tactiques de lenteur, de silence.

[…]

À tes modèles : « Il ne faut jouer ni un autre, ni soi-même. Il ne faut jouer *personne*. »

*

Chose exprimable uniquement par le neuf cinématographe, donc neuve.

[…]

Éviter les paroxysmes (colère, épouvante, etc.) qu'on est obligé de simuler et où tout le monde se ressemble.

*

Rythmes.
La toute-puissance des rythmes. N'est durable que ce qui est pris dans des rythmes. Plier le fond à la forme et le sens aux rythmes.

[…]

Ton film aura la beauté, la tristesse, ou etc. que l'on trouve à une ville, à une campagne, à une maison, et non la beauté, ou la tristesse, ou etc., que l'on trouve à la photographie d'une ville, d'une campagne, d'une maison.

[…]

La vue du mouvement donne du bonheur : cheval, athlète, oiseau.

[…]

Tu feras avec les êtres et les choses de la nature, nettoyés de tout art et en particulier de l'art dramatique, un art.

[…]

Ils veulent trouver la solution là où tout n'est qu'énigme. (Pascal.)

[…]

Pas de la belle photo, pas de belles images, mais des images, de la photo nécessaires.

[…]

CINÉMA, radio, télévision, magazines sont une école d'inattention : on regarde sans voir, on écoute sans entendre.

Robert Bresson, *Notes sur le cinématographe*, Gallimard, 1975.

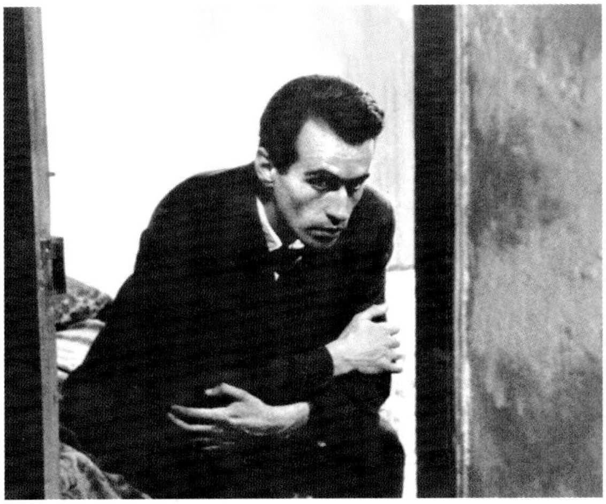

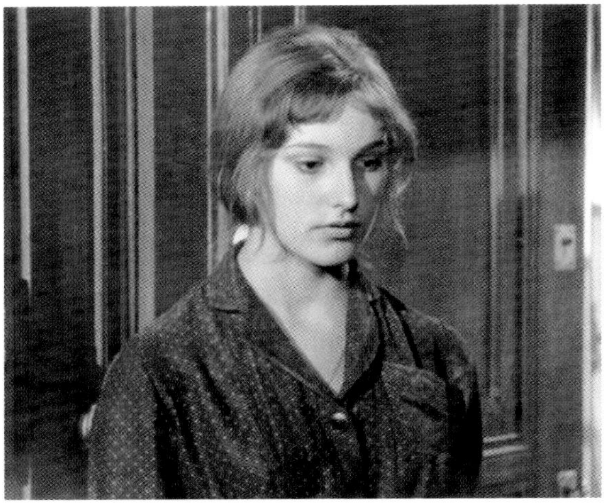

Martin Lassalle (Michel, le pickpocket), Marika Green (Jeanne).

de *Crime et Châtiment*. Il raconte le parcours d'un jeune homme, Michel, devenu pickpocket par sentiment de se trouver au-dessus de la condition ordinaire des hommes – et donc aussi au-dessus des lois sociales et morales. Mais en fait régi par ses passions et par un malaise avec les autres proche de la misanthropie, et qui échappera au destin que suppose un tel état d'esprit grâce à sa rencontre avec une jeune femme, Jeanne. Selon des procédés dramaturgiques qu'affectionne Bresson, cette histoire racontée dans toute l'intensité du présent de chaque scène est pourtant narrée au passé[14], ce récit ô combien incarné se réfère à une écriture manuscrite montrée à l'écran dès les premières images, ce récit simple se présente dans le détour d'une dénégation, par le carton qui l'introduit (« Ce film n'est pas du style policier »), sans doute destinée à prévenir la censure et les procès en apologie du crime.

La voix off redouble aussitôt les phrases qui s'écrivent sous nos yeux, et qui elles aussi jouent sur le déni et la contradiction – « Je sais que d'habitude ceux qui ont fait ces choses se taisent ou que ceux qui en parlent ne les ont pas faites. Et pourtant je les ai faites. » La première séquence, premier vol de Michel, au champ de courses, est exemplaire de simplicité, de rapidité, de tension et de complexité. Quoi de plus étrange que la connivence que le film suscite immédiatement avec ce jeune homme qui détrousse quelqu'un ? Quoi de plus trouble que le regard échangé entre le voleur et la femme qu'il s'apprête à voler. Quoi de plus léger et de plus violent à la fois que la brusquerie induite par l'agencement des gestes, des

14. Mise en œuvre d'un des plus beaux aphorismes de *Notes sur le cinématographe* : « Remettre le passé au présent. Magie du présent » (p. 56).

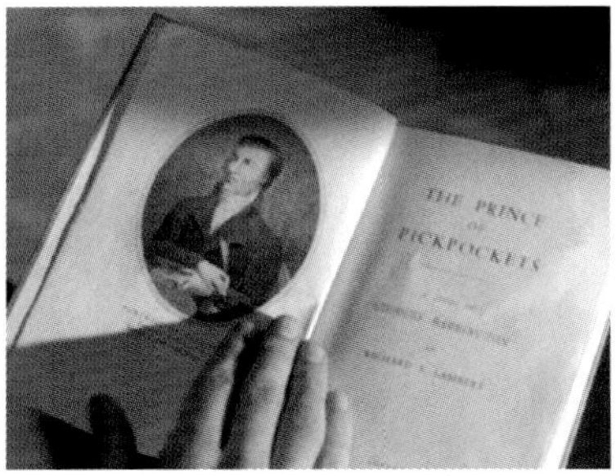

Pickpocket.

plans, et des paroles. Si, sur le terrain du scénario (et non du « style », contrairement à ce que prétend le carton du début), il déjoue presque entièrement le genre policier, réduit ici à une partie de gendarmes et voleurs minimaliste, il engendre en revanche des scènes d'un suspense extrême, auquel ne parviennent presque jamais les cinéastes spécialisés dans le policier ou le film « à intrigue », uniquement voués à jouer avec les nerfs de leurs spectateurs. Ce suspense est engendré par l'un des deux terrains familiers à Bresson, mais où il déploie cette fois une virtuosité[15] en exacte symétrie avec ce qu'elle montre : la difficulté technique et mentale de la pratique du vol à la tire.

L'autre ressort dramatique de *Pickpocket*, et son enjeu revendiqué, est la « rédemption » de Michel le voleur grâce à l'amour de Jeanne. Cette rédemption est jalonnée de véritables joutes théoriques, entre Michel et son ami Jacques, avec le commissaire et avec Jeanne elle-même, où se mêlent doctrine sociale, droit criminel, références religieuses, considérations esthétiques et règles morales. Qui peut dire à quel point tout ça intéresse vraiment Bresson ? Les dialogues sont pauvres, les arguments des uns et des autres d'une naïveté souvent confondante. Michel incarne sans doute à la fois le péché d'orgueil, une solitude existentielle, une posture politique (d'anarchiste de droite) et une figure d'artiste (il est supposé être écrivain bien qu'il n'écrive guère, à part son journal). Ces traits comptent à peine. Et ce n'est ni la justice des hommes, ni la grâce divine, ni le bon sens qui vont « sauver »

15. Il écrit dans *Notes sur le cinématographe* : « Pas habile, mais agile » (p. 43). À vrai dire, il est les deux. S'il n'en fit jamais l'enjeu de sa conception du cinéma, Robert Bresson est un technicien hors pair, qui manie la lumière, le cadre et le montage avec autant de dextérité que les voleurs professionnels usant de leurs seuls doigts pour subtiliser montres et portefeuilles – le prestidigitateur Kassagi servit de conseiller sur le film, où il interpète aussi le mentor ès vols de Michel.

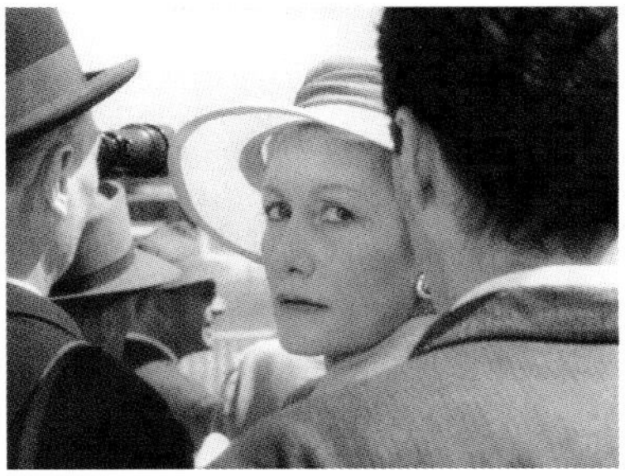

Pickpocket.

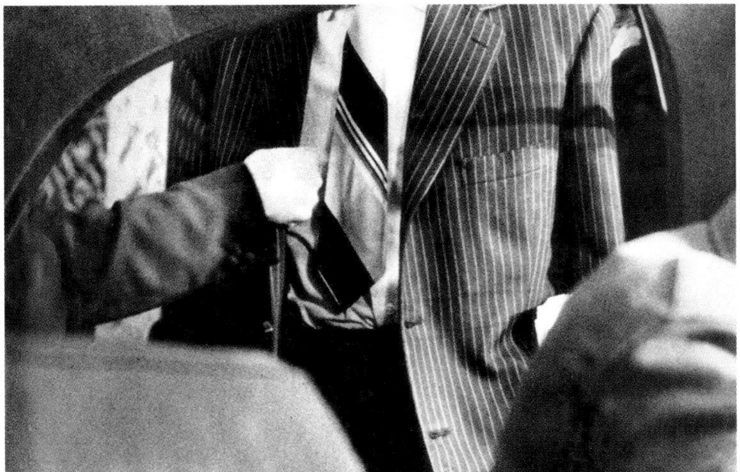

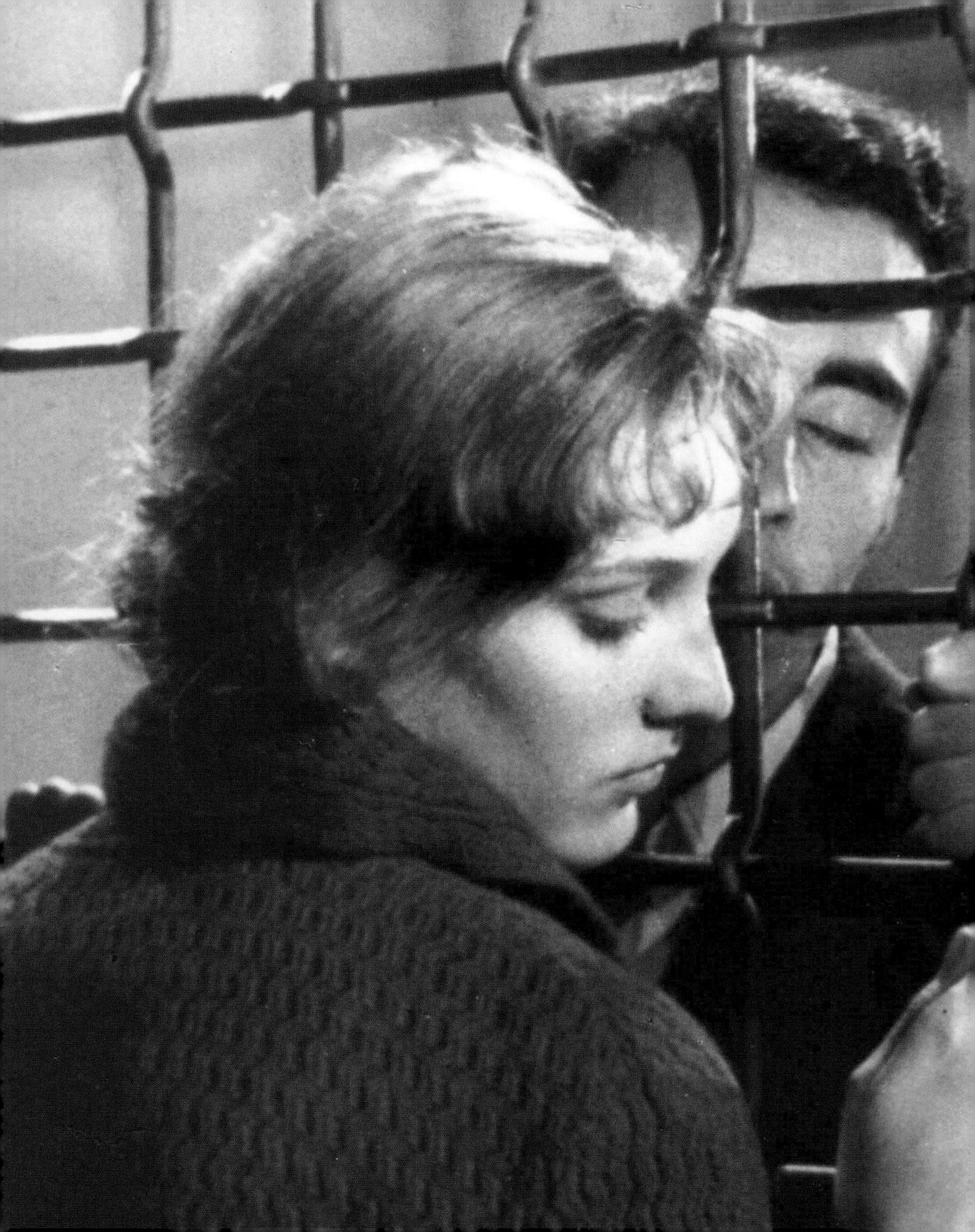

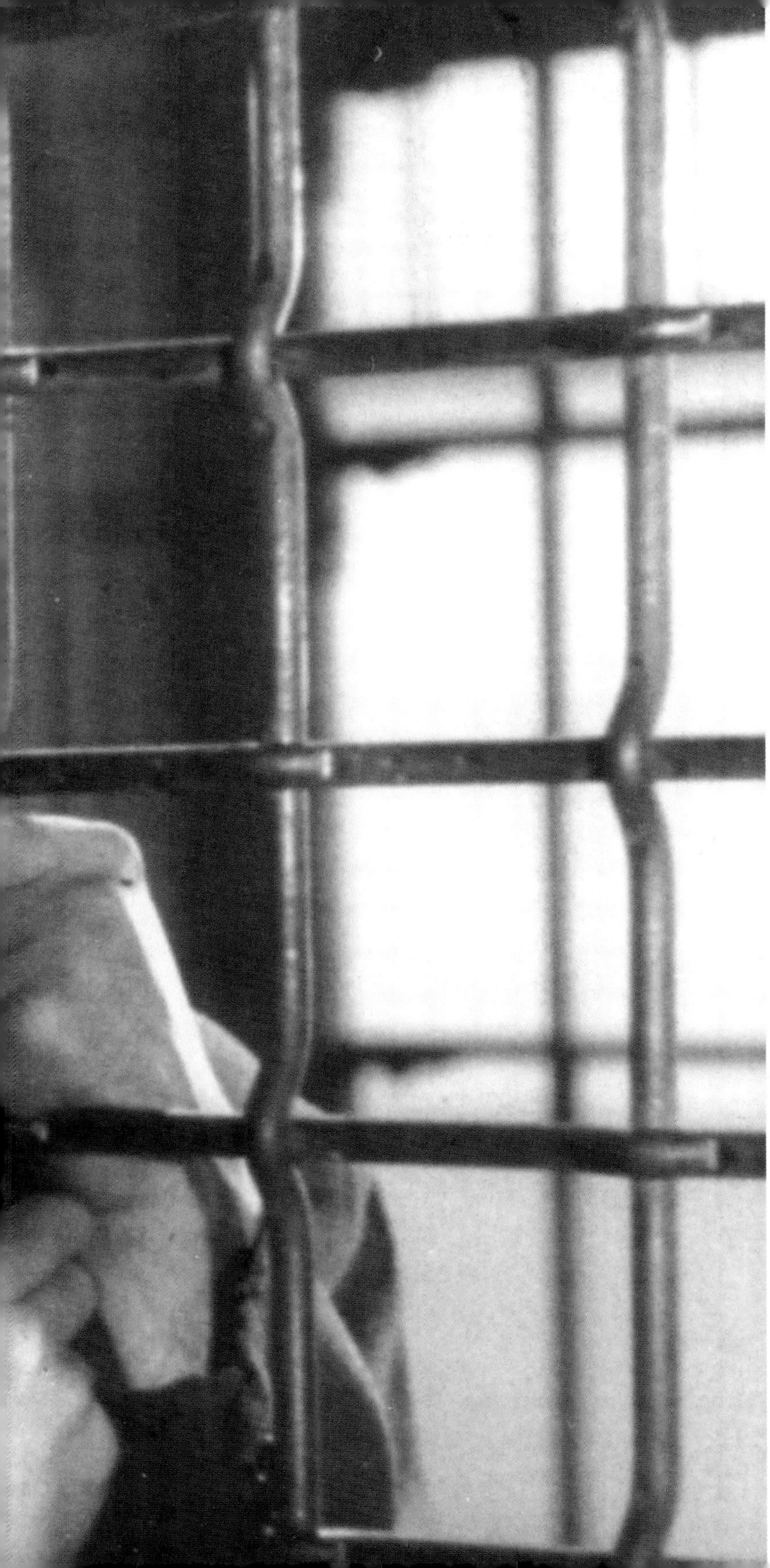

Marika Green et Martin Lassalle
dans *Pickpocket*.

Michel, c'est la beauté physique et morale de Jeanne, c'est un amour très terrestre qui finiront pas les réunir.

Car le véritable pendant cinématographique du travail sur la technique du vol est le choix de deux étudiants, Martin Lassalle et Marika Green, pour les deux rôles principaux, et la manière de les filmer. Ils sont magiques. Martin Lassalle est comme un brasier, ses yeux, la tension de ses muscles, l'électricité de sa présence à l'image valent infiniment plus que ses théories fumeuses. Marika Green brûle elle aussi, mais d'un feu doux et clair. *Pickpocket* est affaire de gestes, de lumières, d'intensités, d'attractions, tellement plus que d'histoires de bandits ou d'âmes à sauver. Et si, de fait, Bresson filme Marika Green comme la Renaissance italienne a peint les saintes, il donne l'impression d'avoir surtout éprouvé violemment la beauté des femmes chez Botticelli, Giorgione ou Carpaccio.

Bresson se donne une totale liberté de filmer cette étrange partie qui se joue entre des flux de désirs, de pulsions, de phobies. Elle le mène à un détail de mise en scène très étrange et finalement logique : avant celle de la prison à la fin, dont la grille suture la fusion cette fois accomplie de Michel et Jeanne, dans *Pickpocket* aucune porte ne ferme – ni celle de la chambre de Michel, ni celle de son immeuble, ni celle du commissariat, ni celle de Jeanne, ni celle de l'appartement de la mère lorsque Michel y retourne… Jeanne est, elle, la « fée des portes », sa première apparition est pour ouvrir l'unique porte fermée (celle de l'appartement de la mère de Michel), c'est dans les embrasures qu'on la voit le plus souvent, et elle sera, à travers la grille fermée de la prison, la véritable « ouverture au monde » de Michel à la dernière séquence, qui s'achève sur la phrase devenue célèbre : « Ô Jeanne, pour aller vers toi, quel drôle de chemin il m'a fallu prendre. » Tout à fait irréaliste, ce détail des portes jamais fermées est exemplaire d'une possibilité de faire jouer, selon les seuls besoins d'un récit qui est essentiellement une histoire d'amour, la circulation des élans[16]. Lorsque Michel progresse sur cette voie, par l'accomplissement transitoire d'une chorégraphie harmonieuse de vols à la tire aussi bien que lorsque se réduit l'écart qui le sépare de Jeanne, s'élève tout aussi bizarrement, eu égard à un intégrisme anti-artifice qu'on prête à tort à Bresson, une musique (de Lulli) très

16. À nouveau « les liens qu'attendent les êtres et les choses pour vivre », les « courants qui passent ».

clairement revendiquée comme un « marqueur » dramatique, au même titre que les choix de montage. Bresson transgresse volontiers un de ses propres préceptes des *Notes* (p. 27) – « Pas de musique d'accompagnement, de soutien ou de renfort. *Pas de musique du tout.* (Sauf, bien entendu, la musique jouée par des instruments visibles.) » – et démontre au passage la possible justesse d'un tel usage.

Procès de Jeanne d'Arc (1962)

Procès de Jeanne d'Arc est une manière de concentré de l'art du cinématographe selon Robert Bresson. Il ne fait pas de doute que Jeanne, la Pucelle d'Orléans, incarne un idéal pour Robert Bresson, idéal où l'héroïsme physique et spirituel prend forme dans un corps de très jeune femme. Jeanne est, de fait, une héroïne cinématographique par excellence, et il est logique que de nombreux cinéastes aient éprouvé le désir de filmer son histoire, dont plusieurs des plus grands[17].

17. Carl Theodor Dreyer (*La Passion de Jeanne d'Arc*, 1928), Roberto Rossellini (*Jeanne au bûcher*, 1954), Otto Preminger (*Sainte Jeanne*, 1957), Jacques Rivette (*Jeanne la Pucelle*, 1994).

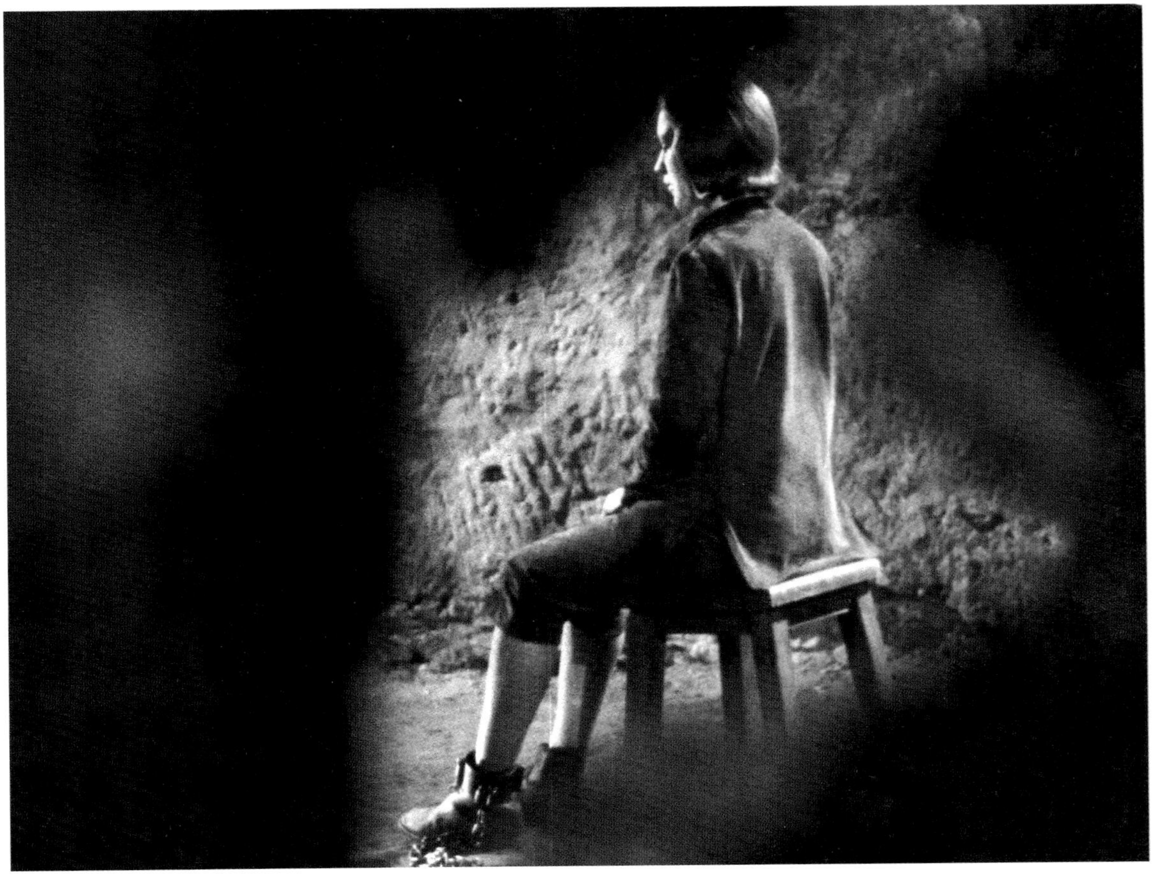

Jeanne épiée par le trou de la serrure : Florence Delay dans *Procès de Jeanne d'Arc*.

L'amour de Robert Bresson pour Jeanne devait impérativement s'incarner dans une interprète à la hauteur de cette exigence à la fois très haute, très simple et très charnelle. Bresson trouve la réponse parfaite avec Florence Delay, ou plutôt entre le cinéaste et son très jeune « modèle » se noue une connivence tout entière vouée à l'accomplissement du projet de film.

Procès de Jeanne d'Arc ne manque pas de similitudes avec certains des films antérieurs de Bresson. Comme *Journal d'un curé de campagne*, il s'agit de la transposition filmée d'un texte écrit : la totalité des dialogues vient des minutes du procès de Rouen, le prologue est inspiré par le procès en réhabilitation de 1456. Cette fidélité à la lettre du texte, ici porté par le véritable génie dont fit preuve Jeanne face à ses juges, affirme la puissance de la reprise par le cinéma du travail des mots, lorsque la sensibilité et la rigueur commandent.

Mais surtout, comme *Un condamné à mort s'est échappé*, *Procès de Jeanne d'Arc* est un film de résistance – comme tous les précédents films de Bresson, sauf *Pickpocket* qui est la description d'un chemin individuel. C'est le combat sous ses deux faces d'Anne-Marie et de Thérèse dans *Les Anges du péché*, d'Agnès dans *Les Dames du bois de Boulogne* et du curé d'Ambricourt. Mais seuls *Un condamné* et *Procès* inscrivent ces combats dans ce qu'on appelle « la Grande Histoire ». Avec Jeanne d'Arc, filmée par Bresson, la dimension religieuse n'est évidemment pas oubliée, elle paraît presque marginale. En fait, il est probable que pour Bresson elle recouvre et comprend les deux terrains sur lesquels se joue toute la dramaturgie du film : la politique et le sexe.

Politique : il s'agit de construire des rapports de force, d'affirmer un droit, de combattre une puissance. Jeanne, enchaînée, vaincue, jeune fille parmi les hommes mûrs, paysanne parmi les clercs, rend coup pour coup, use de la sincérité comme d'une arme surpuissante, trouve les mots justes, déstabilise l'adversaire, se moque, se fâche, se tient droite et vraie dans l'arène judiciaire où son sort est déjà scellé. Elle a peur, elle ignore beaucoup de choses, son bon droit et son intelligence la portent. Elle est une héroïne résistante, sans armes elle incarne la puissance politique du refus de l'injustice lorsque ce refus sait trouver les gestes et

Page de droite :

Tournage de la scène du bûcher dans le parc de l'orangerie de Meudon pour *Procès de Jeanne d'Arc.*

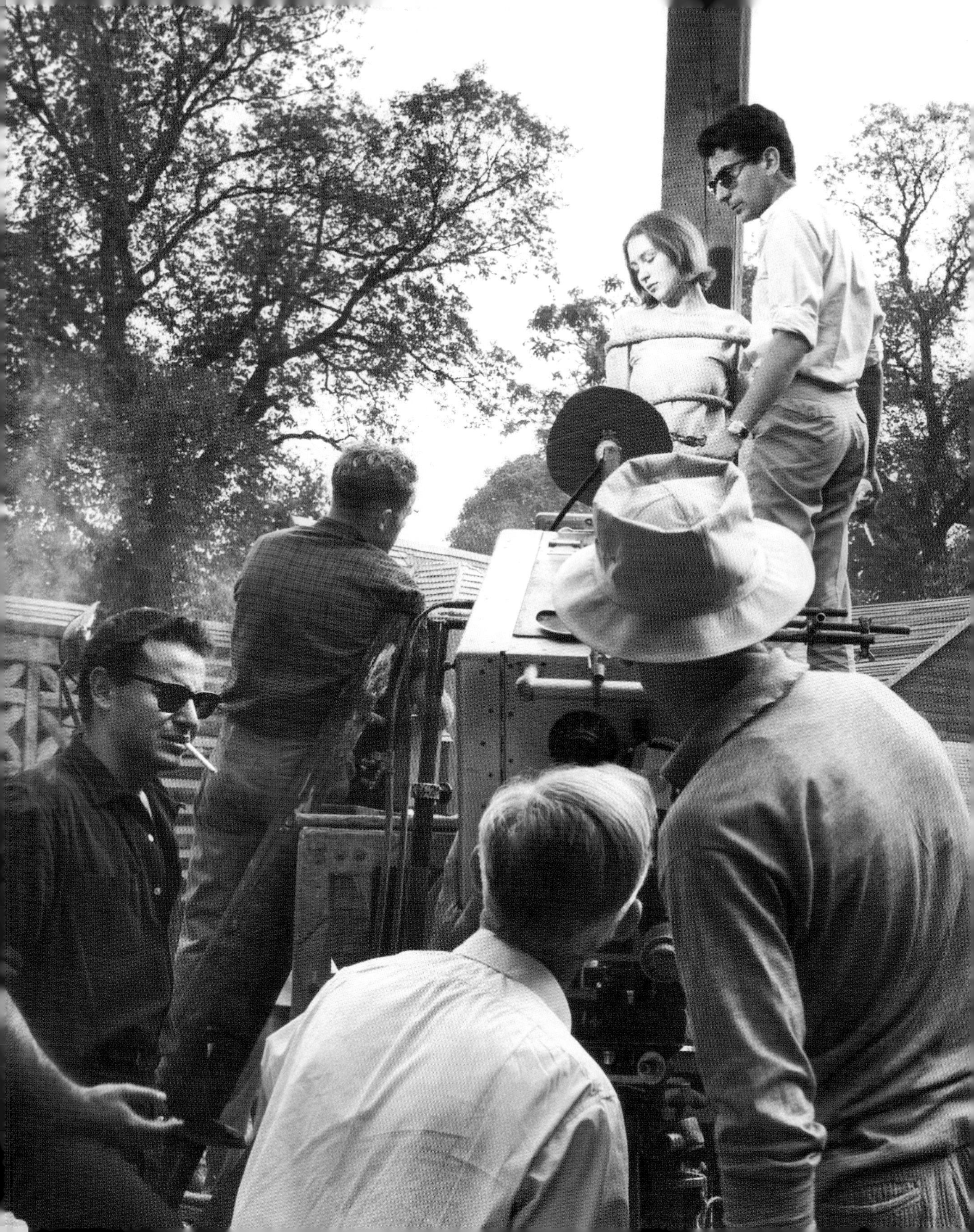

les mots. Bresson n'invente rien, tout est dans les minutes consignées à l'époque, en 1431. Et il invente tout, tout ce qui permet d'entendre le « génie de Jeanne », qui est le génie de ce qui est humain dans l'humain. De concert avec Florence Delay, il invente les postures, les jeux de regards, les silences, les intonations. Plus le geste et le phrasé sont simples, plus ils portent de sens et d'intensité lorsqu'on sait les filmer. Surtout, Bresson et son modèle, qui a l'air d'une petite fille, d'un garçon, d'une sauvage et d'une sainte à la fois ou successivement, Bresson et Florence Delay inventent un tempo[18]. Seule contre tous, Jeanne se bat, sa force est dans la maîtrise du rythme, dans sa capacité à surprendre la machination politico-ecclésiastique qu'est le procès. Le film en fait une subtile chorégraphie de petits gestes, de phrases lâchées comme des coups, une authentique mise en scène de combat.

18. Robert Bresson dira : « J'avais à craindre la lenteur, la pesanteur du procès. Aussi j'attaque le film et je le continue dans un rythme très rapide. On peut écrire un film avec des croches et des doubles croches, parce qu'il est de la musique » (*Études cinématographiques*, n° 18-19 ; cité par Jean Semolué, *Bresson*, *op. cit.*).

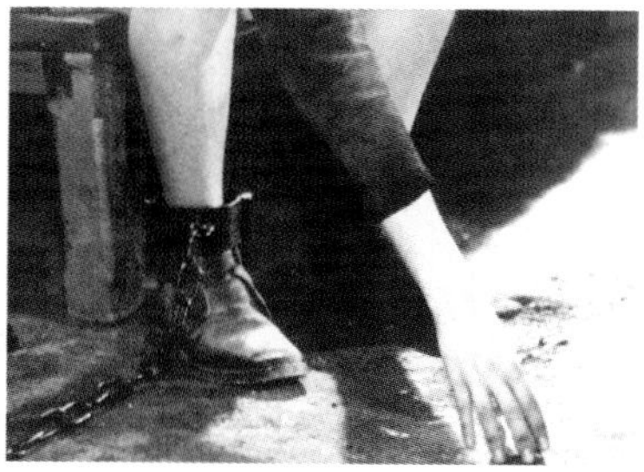

Procès de Jeanne d'Arc.

Sexe : la quasi-totalité du film se partage entre le tribunal où Jeanne est jugée, et la cellule où elle est enfermée. Si le tribunal est par excellence le lieu de l'affrontement politique, la cellule est sous le signe du sexe féminin de Jeanne, du trouble qu'elle constitue, comme jeune fille et comme vierge parmi cette société d'hommes, du trouble supplémentaire que constitue le port de l'habit d'homme qui, loin de la déféminiser, souligne au contraire son sexe, et sa différence. Bresson filme les mains menottées, les pieds entravés, le visage éclairé de l'intérieur par une lumière douce qui exprime une détermination sans faille, et pourtant si peu hautaine. Il y a là une ambivalence, non dépourvue de brutalité, les outils du sadomasochisme contribuent à érotiser une figure que sa délicatesse féminine et sa proximité avec l'enfance rendent plus troublante encore. Le statut sexuel de Jeanne est inlassablement interrogé par les juges, et par le film, sa virginité est mise en doute, on la traite de putain comme de sorcière en voix off (les mots s'équivalent : ils mènent au bûcher), on fait examiner son hymen intact – tout cela, qui est conforme aux faits historiques, est élu par le film comme une de ses lignes de force.

Surtout la violence disruptive de son sexe est directement relié au voyeurisme : Bresson multiplie les plans où Jeanne est observée à la dérobée par des hommes à travers des trous dans les murs ou les portes. Warwick, le seigneur anglais qui

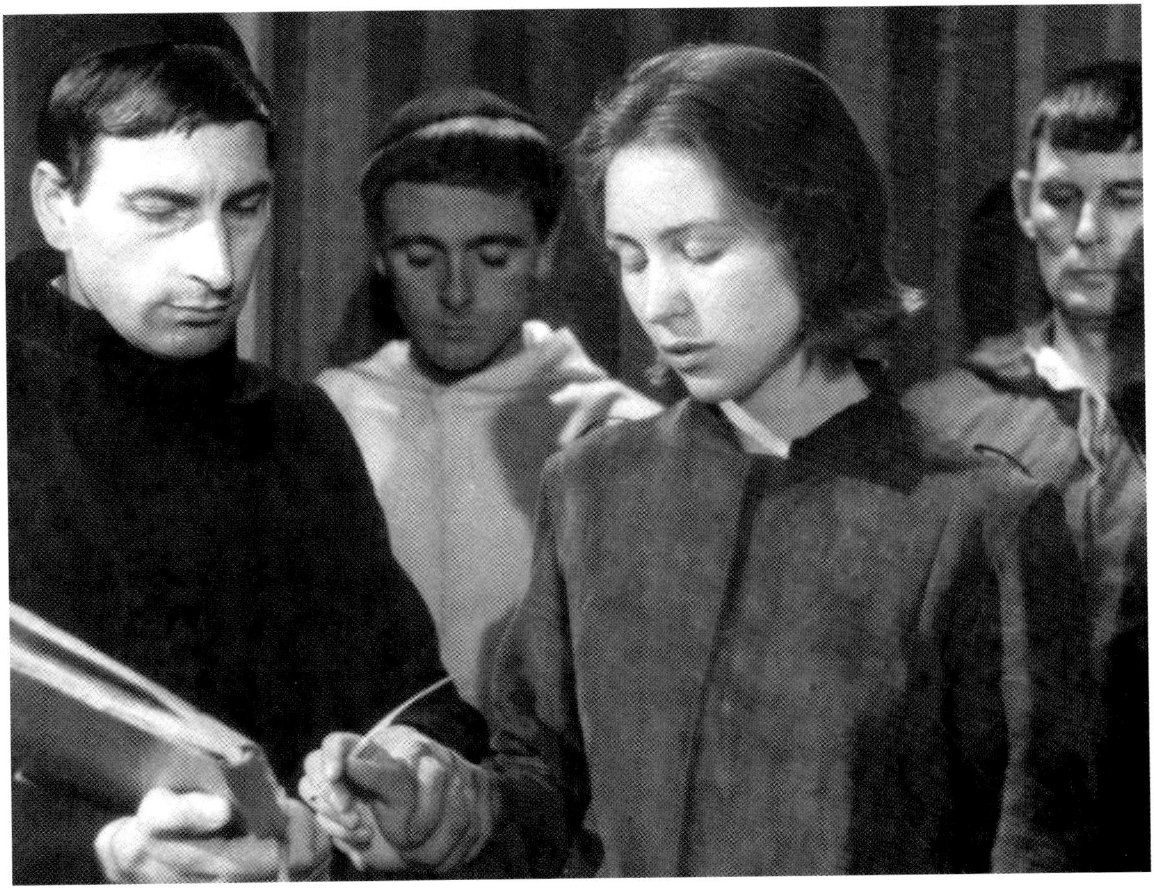

Florence Delay
dans *Procès de Jeanne d'Arc.*

veut la mort de Jeanne, compte sur la pression sexuelle, la menace du viol devient plus présente et plus efficace dramatiquement que cette condamnation à mort que tout spectateur sait inéluctable. La cellule et la salle de procès ne sont pas étanches. Pour faire plier Jeanne, l'évêque Cauchon décide de poursuive les audiences dans sa cellule, sur le terrain de son intimité. Cette manœuvre, dont l'objectif sera énoncé par Cauchon dans toute l'ambivalence de sa formulation (il faut « prendre la Pucelle »), ouvre la possibilité de la faiblesse de l'héroïne, qui vacille, accepte de porter un habit de femme (que Bresson ne montre pas), signe des aveux par peur de la torture, avant de renier ce moment d'abandon et de choisir son destin.

Procès de Jeanne d'Arc est une des plus belles déclarations d'amour, à une figure féminine comme à l'idée de liberté, qui jamais éclaira un écran… Ce que Bresson lui-même appellera « une vérité non historique[19] » : un absolu.

19. Dans *Notes sur le cinématographe* (p. 131) : « (Dans PROCÈS DE JEANNE D'ARC, j'ai essayé, sans faire "théâtre" ni "mascarade", de trouver avec des mots historiques une vérité non historique.) »

Souvenir du bel été

Printemps 1961, trois jeunes filles tournèrent des essais pour le rôle de Jeanne. J'étais l'une d'elles, mais je ne fus pas choisie. Je n'en éprouvais pas de réelle déception, car je n'avais rien imaginé et me considérais déjà heureuse d'avoir rencontré Robert Bresson. Quelques jours avant le début du tournage, un dimanche de juillet, comme je partais tôt matin prendre le train gare Saint-Lazare pour passer la journée chez mes grands-parents de Rouen avant la longue absence de l'été, je trouvai un télégramme à mon nom glissé sous la porte d'entrée de l'appartement de mes parents. Je ne sais plus où est ce télégramme, je l'ai gardé, bien sûr, qui me disait d'appeler tout de suite, et que j'étais Jeanne. Il était trop tôt pour appeler. J'appelai de Rouen – « Rouen, Rouen, mourrai-je ici ! » – et Robert me confirma la nouvelle inespérée qu'il n'y aurait pas de grandes vacances pour moi.

J'ignore ce qui le détourna de celle qu'il avait premièrement choisie. J'ignore ce qui le tourna plutôt vers mon visage ou ma voix, mais lisant un poème d'Henri Michaux intitulé *Visages de jeunes filles*, lisant « Dans le visage de la jeune fille est inscrite la civilisation où elle naquit », je pense qu'il devina avant moi mon amour de la langue. Car Jeanne est langage et civilisation de France. Elle fut le premier capitaine à prononcer la France – au sens espagnol de *pronunciamiento* – par son action, et en déclarant au tribunal que les voix qui lui assignaient sa mission parlaient « le langage de France ». Les minutes du Procès disent « idiome de France », mais Robert avec une sûreté d'écrivain (il y a -graphe dans cinématographe) choisit le vrai mot.

Pendant les premiers essais, ou pendant les essais qui précédèrent le tournage, je surpris cet échange entre lui et Léonce-Henri Burel, son chef opérateur : « On ne peut rien faire avec cette fille, murmurait Burel, elle n'a qu'un angle. » « Ça me suffit », répondit Bresson d'un ton sans réplique. Il savait déjà comment il filmerait l'accusée, toujours assise sur son tabouret à la même place, levant les yeux vers l'estrade où siégeait le tribunal ecclésiastique. Je sais depuis que je n'ai qu'un angle, et je n'aime guère être photographiée ! Mais dès le début du tournage, Bresson m'a fait oublier la caméra, j'ai déposé mon apparence entre ses mains, je me suis toute concentrée à l'intérieur de Jeanne, dans son univers que je découvrais. Il y eut nombre de prises la première semaine, puis de moins en moins, deux ou trois par plan. J'avais appris à parler droitement, à respecter l'absence d'accent tonique du français et à baisser la voix en fin de phrase. Cette leçon-là, dite « *recto tono* bressonnien », jamais je ne l'oublierai. Quand on n'est pas au théâtre, c'est la seule façon de dire ou de lire à haute voix un texte pour le faire entendre en vérité.

À l'orangerie de l'observatoire de Meudon où eut lieu tout le tournage, il régnait une atmosphère grisante. Légère sur la pelouse où l'on bavardait entre les scènes, dense dès que nous entrions dans les lieux où se déroule pratiquement tout le film : la salle de Parement et la chambre de Jeanne. Il y eut une exception : au tout début, Robert me fit recommencer je ne sais plus combien de fois un simple « oui ». On ne se figure pas combien le « oui » et le « non » sont difficiles à dire ! Au bout de la dixième ou de la vingtième prise, un figurant de Meudon s'exclama : « Eh bien ! vous saurez quoi dire à la mairie le jour de votre mariage. » On éclata tous de rire. C'est la seule fois où je vis Robert furieux. Toute cocaïnisation était devenue impossible. Il leva la séance. On ne tourna pas plus avant ce jour-là et chacun se le tint pour dit. Nous éprouvions tous le sentiment d'être embarqués dans une aventure unique, par un maître exigeant qui seul savait où nous allions. Aucun de nous n'avait l'expérience du cinéma.

Bresson n'expliquait pas, il indiquait seulement ce qu'il voulait. Je me souviens de deux indications capitales. Lors de l'interrogatoire sur les apparitions, il attira mon attention sur la façon dont Jeanne échappe au piège des questions les plus pernicieuses. Il me demanda d'écouter à l'intérieur de moi, de moi Jeanne, avant de répondre aux questions du tribunal, ce que Dieu, mon cœur, mes voix m'en disaient. Comme s'ils dictaient, eux, la réponse. C'est ce que j'ai fait en particulier ici, à propos de saint Michel :

– Était-il nu ?

– Pensez-vous que Dieu n'ait pas de quoi se vêtir ?

– Avait-il des cheveux ?

– Pourquoi les lui aurait-on coupés ?

– Comment saviez-vous que c'était saint Michel ?

– Par sa façon de parler et son langage d'ange.

– Comment saviez-vous que c'était langage d'ange ?

– Je l'ai bientôt cru. J'ai eu la volonté de le croire.

Je compris plus tard, quand je connus mieux l'œuvre entière, que c'est dans ce léger temps, ce très léger décalage, que Jeanne prisonnière, comme tout héros bressonnien, s'échappe. Vers la vie invisible, sa vie intérieure, l'autre vie.

Une autre indication magnifique me fut donnée dans la chambre de Jeanne, au jour de sa mort, quand le bourreau apporte la chemise des suppliciés. « Tu dois l'enfiler comme un habit de voyage, dit Robert. Et c'est pourquoi tu poses la question : “Où serai-je ce soir ?” »

Dès la première réplique du film – « Mon nom est Jeanne. J'ai dix-neuf ans. » – je n'ai pas cessé de penser que j'avais un an de plus et que je n'avais rien fait.

Pour la scène du bûcher, Bresson plaida auprès de

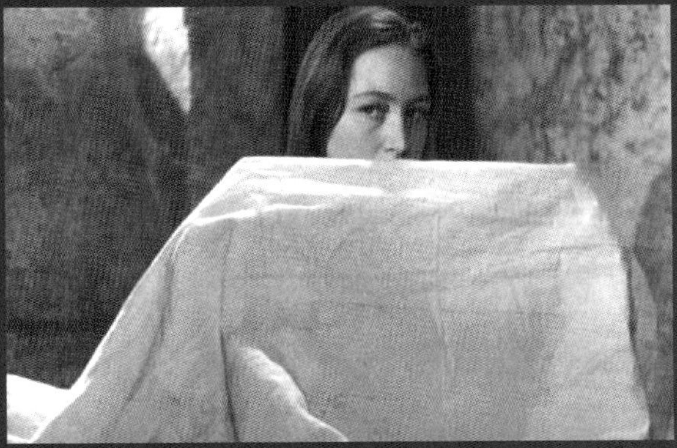

Florence Delay : « Mon nom est Jeanne. »

sa productrice. Il avait besoin d'une foule. Il gagna et soudain, du jour au lendemain, il y eut une foule de figurants dans le parc de l'Orangerie de Meudon. C'est au milieu de cette foule que j'ai couru vers le feu, ma petite croix à la main. Quand j'ai vu pour la première fois le film, il n'y avait plus personne, que ma petite croix et mes pieds entravés par la robe, qui couraient. Il avait coupé la foule, mais il avait eu besoin de sa haine.

La scène la plus difficile pour moi n'a pas été celle du bûcher mais celle de l'abjuration. Entendre Jeanne ou m'entendre renier, par peur du feu, tout ce à quoi je croyais m'a mise dans un état de détresse tel que j'ai fondu en larmes. Alors, très doucement, faisant signe à l'équipe qu'on suspendait momentanément le tournage, Robert a passé son bras autour de mes épaules et m'a emmenée faire un tour dans le parc. Il essuyait mes larmes avec un grand mouchoir en lin bleu. Le mien, plus grossier, celui de Jeanne, fut jeté au feu en gros plan, avec mon habit d'homme, mes godillots, et l'écuelle dans laquelle j'avais bu du lait. Chaque fois que je revois *Procès de Jeanne d'Arc* et que je vois jetées au feu ces choses avec lesquelles j'ai vécu le plus intense été de ma vie, j'éprouve un intense chagrin.

Florence Delay

Au hasard Balthazar (1966)

Au début des années soixante, Bresson échoue à monter la production de *La Genèse*, échec qui souligne combien il a du mal à faire ses films : chacun d'entre eux est salué comme une œuvre majeure par un petit cercle d'amateurs avertis, mais désormais ils n'ont guère de succès commercial, bien que cette dimension n'ait jamais été indifférente à Bresson, et les producteurs s'opposent le plus souvent à la démarche artistique particulière de celui qui se situe alors délibérément en marge de ce qu'il nomme avec mépris le « cinéma ».

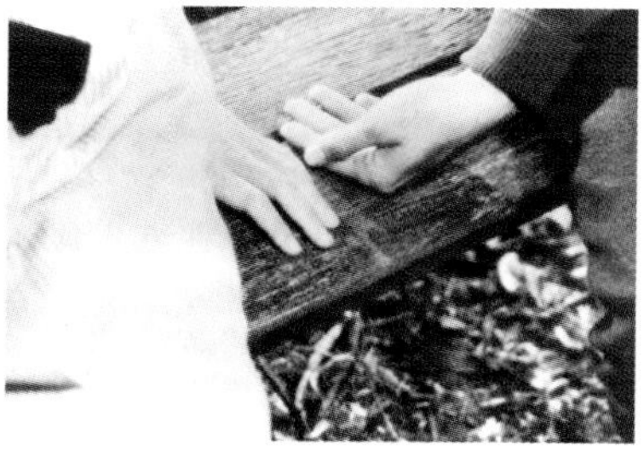

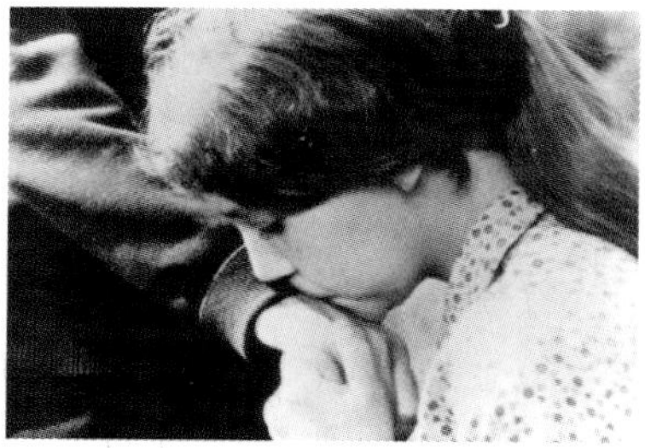

Anne Wiazemsky dans *Au hasard Balthazar*.

Devenu le mieux connu au sein de l'œuvre de Robert Bresson, apprécié même de ceux qui ne goûtent guère son art, *Au hasard Balthazar* est pourtant un film d'une brusque étrangeté. Un humour très noir y affleure, et renvoie à un état d'esprit très sombre, pour ne pas dire totalement désespéré – ce qui n'avait jamais été le cas auparavant. Cet humour et cette noirceur se perçoivent dès le générique de début, qui entrecoupe une paradisiaque pièce pour piano de Schubert avec les braiements d'un âne. Les métaphores et références que peuvent susciter un tel mélange (la nature et la culture, saint François d'Assise, etc.) ne sauraient prendre le pas sur la sensation dérangeante que produit ce jeu sonore. Il y a là quelque chose de grotesque, dimension jamais entièrement absente du cinéma de Bresson et qui prend dans *Au hasard Balthazar* une place aussi importante que le sublime qu'à juste titre on invoque pour ce film. On pourrait en dire autant du côté gag du titre, excellente formule publicitaire, auquel Bresson donne une justification historique (c'est, paraît-il, la devise d'une lignée aristocratique du sud de la France, les comtes de Baux) qui n'a guère d'intérêt, alors que c'est surtout une expression joueuse sur le langage.

Au hasard Balthazar raconte l'histoire d'un âne, encore un ânon lorsqu'il est adopté par deux enfants, jusqu'à sa mort, victime de la méchanceté des humains, dont le film montre de multiples manifestations. Deuxième scénario original de Robert Bresson, après *Pickpocket*, le récit est d'une étonnante liberté. Seules lui importent les vibrations que peuvent susciter certains actes. Et, dans ce film, ces actes seront tous marqués d'un signe négatif. Du moins après le prologue, illustration de la formule « le vert paradis des amours enfantines », description d'un univers champêtre et heureux, autour

Page de droite :

Bresson et Balthazar.

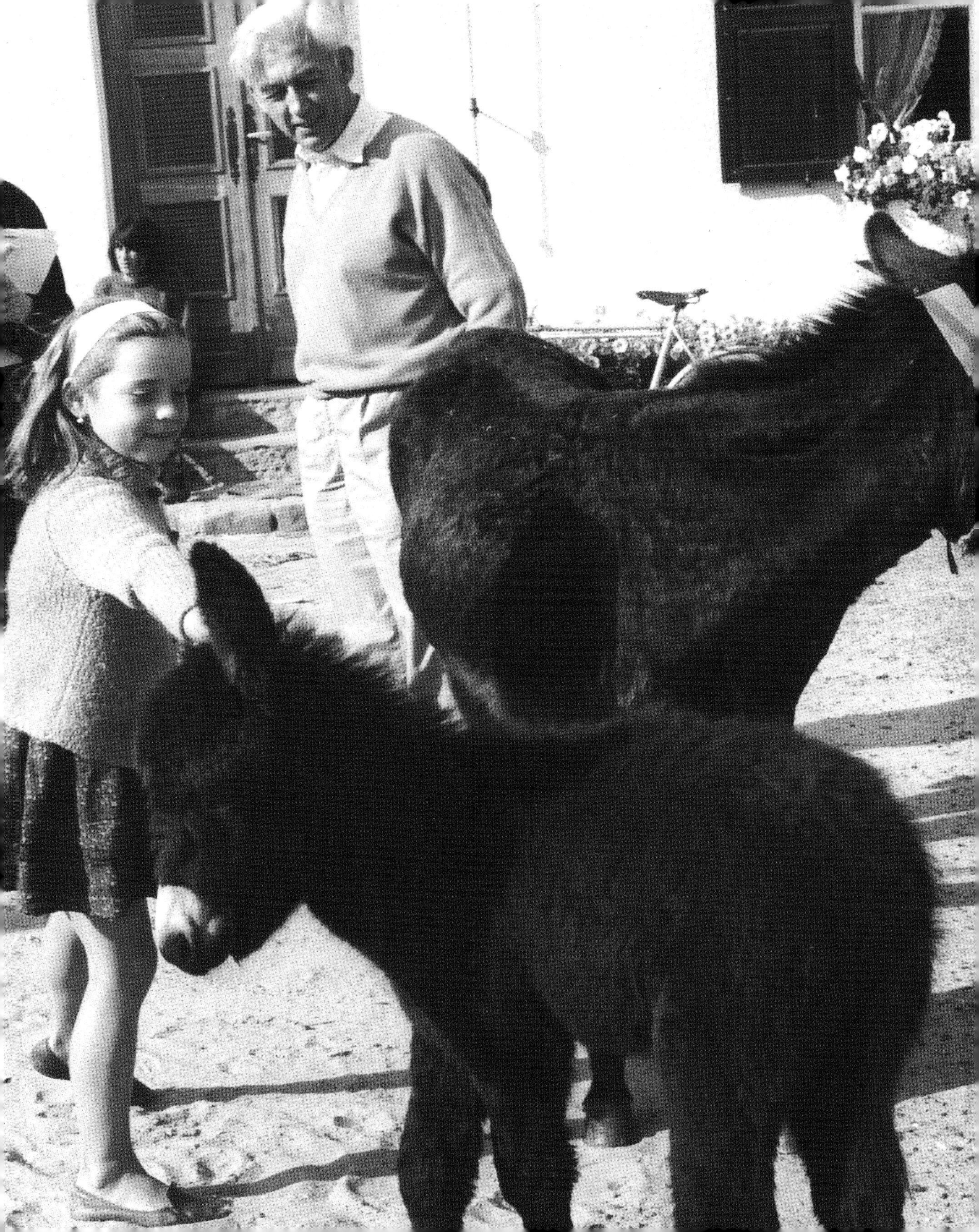

de la petite Marie, fille de l'instituteur du village, et de son ami Jacques, fils d'un homme de la ville qui possède là une propriété. Ce prologue est pourtant déjà hanté par la mort – celle, annoncée, de la sœur malade de Jacques – et la séparation – celle des enfants, quand les vacances sont finies, présageant des cassures bien plus profondes.

Tous, dès lors, sont soumis à l'empire du mal. Ce mal prend de multiples formes, mais il n'est jamais le Mal. Quelque chose de médiocre, de besogneux dans l'accomplissement, d'un peu ridicule souvent, maintient cette incroyable accumulation de gestes mauvais, qui peuvent aller jusqu'au meurtre, du côté du trivial, et évite toute absolutisation. La volonté de nuire sans cesse et par tous les moyens, en même temps que l'assouvissement sans frein de ses désirs font du personnage de Gérard, le malfaisant et séduisant jeune homme, la figure extrême de cette systématique de la présence du mal. Mais le mal, c'est aussi l'orgueil du père de Marie, le vice alcoolique et la folie violente du clochard Arnold, l'avarice et l'avidité sexuelle du meunier, la bêtise de la femme du boulanger, le manque de discernement du gendarme, l'impuissance du prêtre, le panurgisme des adolescents qui suivent Gérard, la faiblesse de Jacques, la maladresse d'un douanier armé, le mauvais hasard des rencontres, la vulgarité des chansons yé-yé à la radio... Ces chansons bruyantes et leur véhicule qui les rend omniprésentes, mais aussi la 2 CV, les mobylettes, les blousons noirs en baskets,

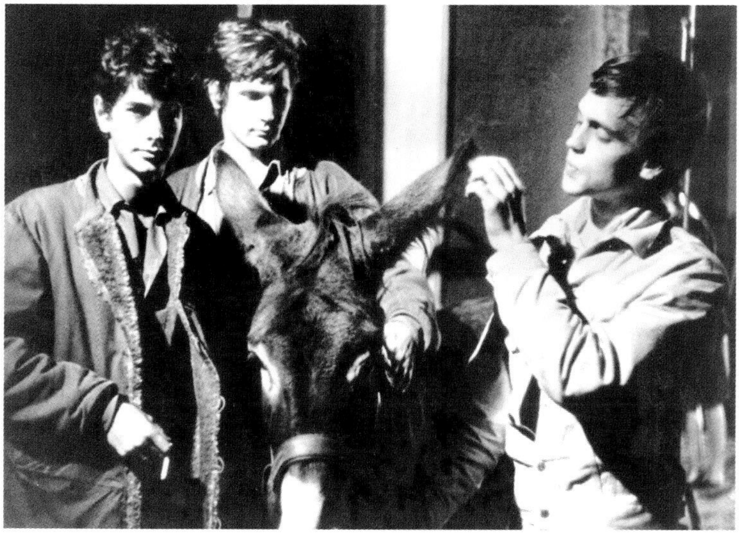

 Balthazar et les mauvais garçons.

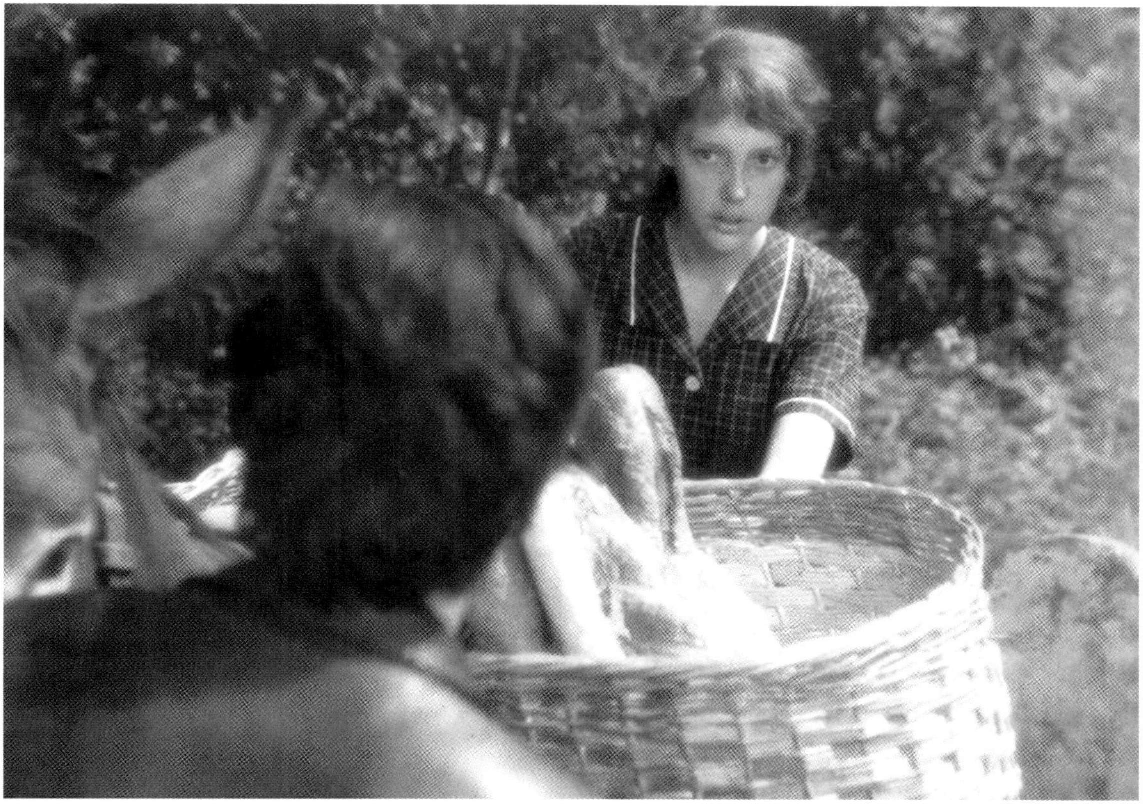

Marie (Anne Wiazemsky)
et Gérard (François Lafarge).

les touristes, tous ces signes d'une modernité en grande partie venue des États-Unis sont eux aussi des signes négatifs. Sans, d'ailleurs, que le film fasse l'éloge d'un mode de vie plus traditionnel. C'est plutôt l'ajout de nouvelles mœurs médiocres et brutales à d'anciennes pratiques qu'on voit – seul l'âne Balthazar, qui appartient à un autre monde, mythologique, incarne un rapport apaisé et heureux des êtres vivants entre eux et avec le monde, rapport qui ne trouvera jamais à prendre forme passé l'éden perdu de l'enfance. Le film devient une sorte de catalogue de la saloperie humaine, où la présence de l'âne joue à la fois comme incitation à la malignité de se déchaîner et comme caisse de résonance. L'animal ne peut le plus souvent y répondre que par sa présence impavide, à laquelle fait écho brièvement, mais avec une intensité à couper le souffle, la succession des regards d'autres animaux (tigre, ours, singe, éléphant) qui relaient un instant, en leur innocence navrée et sans parole, le reflet mat qu'offre l'âne à cette humanité infecte. Mat comme le son sourd du corps de l'animal battu pour rien : ce son terrible, entendu à

La conquête de Marie

Au hasard Balthazar

Robert Bresson filme sans juger ses personnages, sans non plus se satisfaire d'explications psychologiques. Cette distance et cette neutralité mettent en lumière la brutalité et l'ambiguïté des comportements humains. Ainsi, par exemple, dans la scène de *Au hasard Balthazar* où Marie cède aux avances de Gérard, le chef de la bande de voyous.

Marie est au volant de la voiture lorsqu'elle aperçoit sur le bord de la route l'âne Balthazar, celui qu'elle a recueilli lorsqu'elle était enfant, et qui est à la fois l'incarnation de ce passé heureux et la survivance d'une innocence révolue. Lorsqu'elle court vers Balthazar (1), Marie est encore au moins en partie une petite fille. Mais lorsqu'elle retourne à la voiture, Gérard s'y est installé, la main est ici geste muet mais impérieux de concupiscence (2). Toute cette séquence est pratiquement muette, Gérard ne dira pas un mot, l'ordre que lui intime Marie (« Descendez ! Tout de suite ! Je le veux ! ») est sans aucun effet. Muette mais pas silencieuse, la séquence est accompagnée des bruits paisibles de l'indifférente nature, que relaieront un moment les notes tout aussi paisibles d'une sonate de Schubert. Montée dans la voiture où elle a vainement tenté de démarrer, Marie est une proie qui se montre désirable (3), sur laquelle le prédateur porte doucement, inexorablement la main (4). L'usage presque exclusif de plans de détail comme l'absence de paroles donne une puissance fatale à ce qui arrive, en même temps que ces choix confèrent un mystère à une situation pourtant banale. Gérard désire Marie mais ne la force pas, il la conquiert grâce à un ascendant où sa force physique compte peu. Marie n'a pas envie de se donner à Gérard, et pourtant elle sait qu'elle va lui céder. Des forces plus grandes sont à l'œuvre – forces mauvaises, ou seulement naturelles ? Forces humaines ou seulement animales ? La manière de filmer de Bresson ne tranche rien. Peut-être est-ce le sentiment de cette puissance, et de cette énigme, plus que l'outrage de l'attouchement, qui fait venir les larmes sur le visage de la jeune fille (5). Elle pleure sa défaite d'autant plus qu'elle ne s'est pas battue. Ses larmes sont opaques comme ses gestes, Bresson montre des réactions désordonnées, contradictoires. Balthazar ne sera pas pour Marie l'ultime rempart contre la perte de son enfance et sa virginité, il sera seulement le pivot de cette danse dérisoire, et le témoin muet de ce qui se joue (6), et qui est atroce. Pas seulement parce que nous savons que Gérard est un sale type et que Marie ne se prépare que des malheurs en lui cédant. Pas seulement parce que nous devinons déjà un penchant autodestructeur et malsain chez la jeune fille au visage d'ange. Mais parce qu'il y a, dans la manière de filmer de Bresson, jusqu'à la reddition de Marie avec sa chute (7), vraie chute morale puisque manifestement simulée, quelque chose de mécanique, souligné par les cadres serrés et le montage sec, quelque chose d'une violence qui dépasse tous les personnages, une force maléfique dont le « méchant » Gérard est le jouet autant que la « gentille » Marie. Aussi le triomphe enfantin et grossier du garçon (8) n'est-il pas tellement un chant joyeux que l'exhalaison dissonante de cette pulsion jamais assouvie qui paraît posséder tout le monde, force irrésistible d'un désir triste, médiocre et inutile.

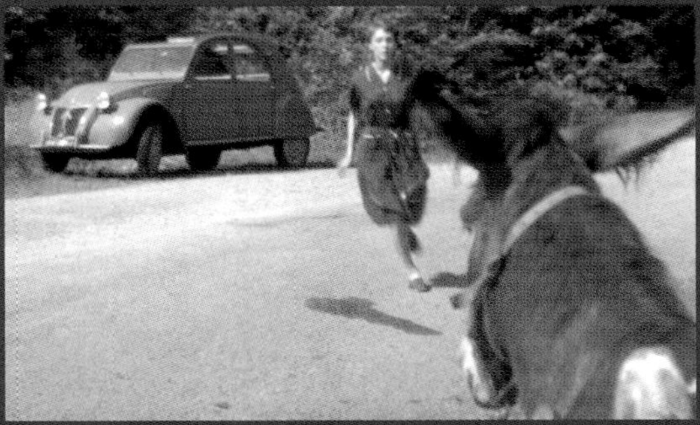
1

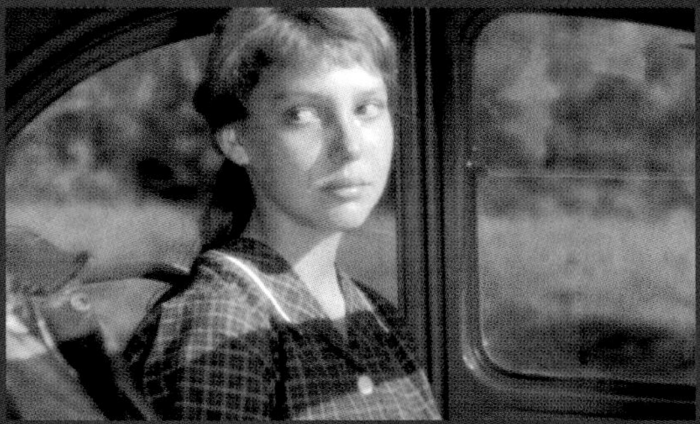
5

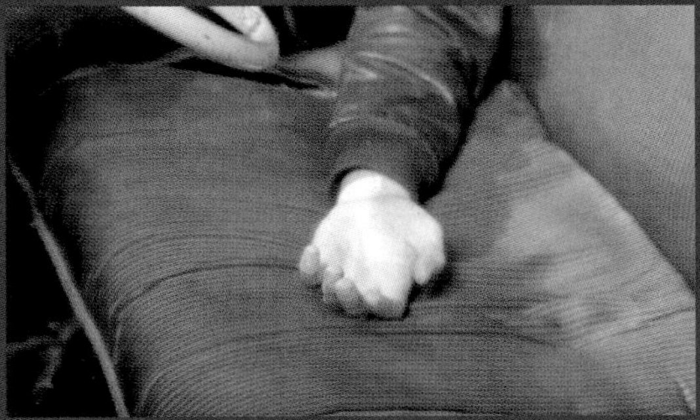
2

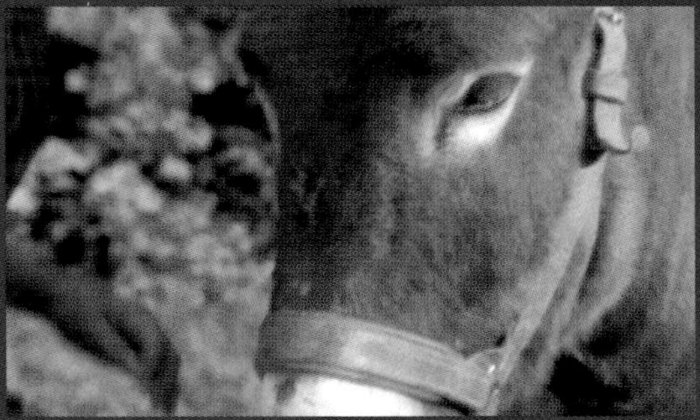
6

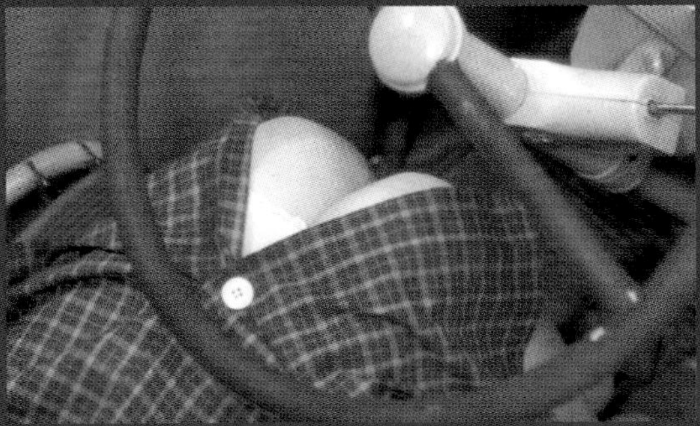
3

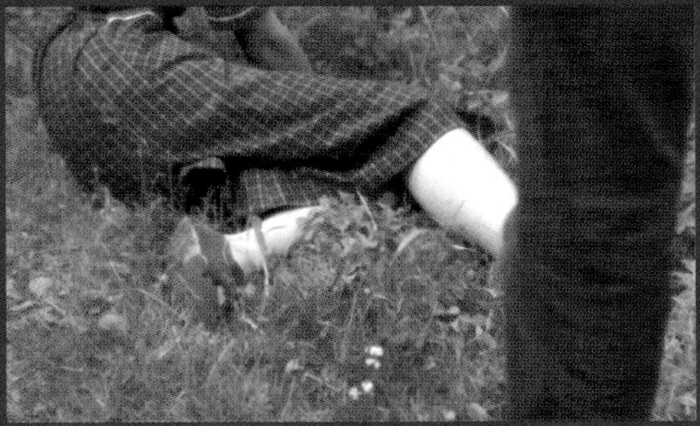
7

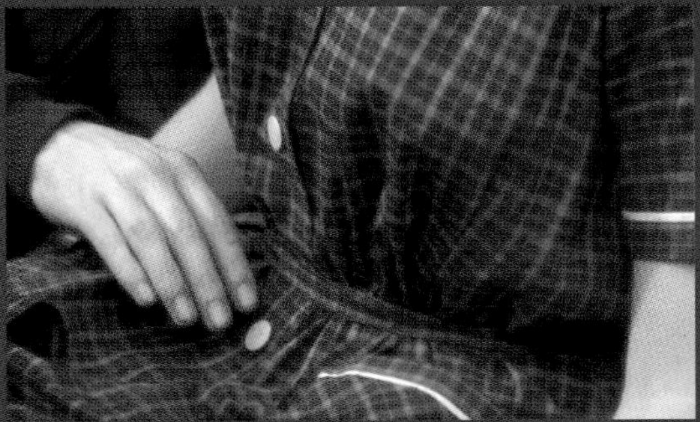
4

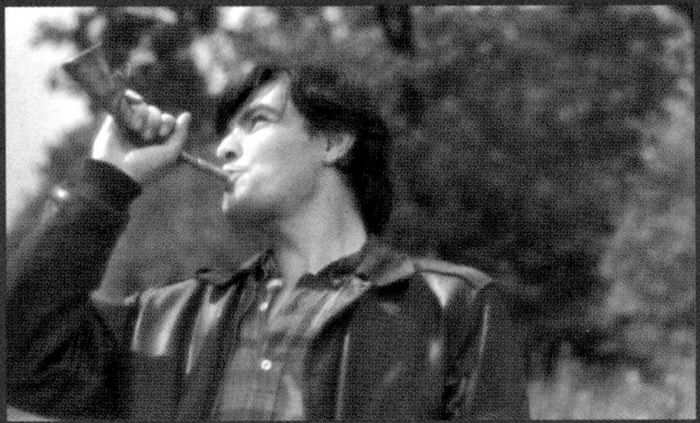
8

plusieurs reprises, est une des expressions les plus pures de la colère et de la tristesse contre le monde que le cinéma nous ait données.

De toutes les formes du mal que montre *Au hasard Balthazar*, la plus profonde et la plus âpre est sans doute celle qu'incarne le personnage principal, Marie, interprétée par Anne Wiazemsky[20]. Marie, en qui il y a de l'enfance, de la femme et de l'ange, est une esclave. Esclave d'elle-même, esclave de Gérard, esclave de ses désirs, de ses frayeurs, de ses limites, même de son envie de liberté (c'est-à-dire pour elle de son affranchissement vis-à-vis de son père). Ce qui fait de Marie une esclave ? Le film n'en dit rien, le film s'en fiche, comme il se fiche éperdument de toute explication psychologique, biologique ou sociologique. Ce qui est atroce chez Marie, c'est le « vouloir être esclave » de ce jeune corps, de cette beauté merveilleuse, à laquelle tout est manifestement possible. Marie est l'exact contraire de Jeanne dans le film précédent, Jeanne dont tout l'être était porté par un élan de liberté. Le « pire » personnage de *Balthazar* n'est pas le méchant Gérard mais Marie, qui incarne ce qu'il y a de plus vil en l'humain, la pulsion de non-liberté.

En face de ces abîmes, il n'y a rien. Interviewé à ce sujet, Robert Bresson aura beau affirmer qu'il espère bien qu'il y a une présence humaine dans son film, et que « s'il y a présence humaine il y a présence divine[21] », il n'est pas certain qu'il soit à ce moment, c'est le cas de le dire, de bonne foi. Étrangement, et pour la deuxième fois dans un film de Robert Bresson (c'est le deuxième dont il est entièrement l'auteur, après *Pickpocket*), Dieu n'est pas là.

Y a-t-il d'ailleurs « présence humaine » dans *Balthazar* ? Non et oui. Non, au sens où les personnages ne sont pas humains, ce sont des figures du mal et du vice. Le film est une fable[22], et si seul un animal porte la figure de l'innocence (plutôt que du « bien », qui n'a aucune place dans le film), Marie, Gérard, le père, le vagabond, le policier... sont des types et non des personnes, au contraire de tous les protagonistes des précédents films, dont la dimension humaine individuelle n'était jamais niée, quelle que soit la tâche surhumaine ou la dimension symbolique qui aient pu s'attacher aux personnages. Mais oui, pourtant, de par la manière de filmer ses interprètes entièrement « à fleur d'humanité »,

20. Petite-fille de François Mauriac, elle était encore lycéenne lorsqu'elle fut choisie par Bresson pour ce rôle. Sur le tournage, elle rencontra Jean-Luc Godard, qui devait devenir son compagnon et lui offrir l'année suivante un rôle dans *La Chinoise*. Ce fut le début d'une carrière de comédienne où on la retrouve notamment, outre Godard (*Week-End*, *One + One*, *Vent d'est*, *Vladimir et Rosa*, *Tout va bien*), chez Pasolini (*Théorème*, *Porcherie*), Philippe Garrel (*L'Enfant secret*, *Elle a passé tant d'heures sous les sunlights*), André Téchiné (*Rendez-Vous*). Depuis le début des années quatre-vingt-dix, elle se consacre à son œuvre de romancière.

21. Dans l'entretien avec Roger Stéphane, *Un metteur en ordre : Robert Bresson*, pour l'émission télévisée *Pour le plaisir* du 11 mai 1966.

22. Autant qu'à la fable, au sens d'Ésope et de La Fontaine, on pense au mode d'énonciation de la parabole biblique, où n'apparaissent que des figures marquées d'un signe particulier. Bresson lui-même cite à de nombreuses reprises la Bible comme inspiration indirecte du film.

dans leur beauté étrange et leur vibration singulière de corps unique qu'habite une âme, elle aussi unique. Là peut-être est le génie de Robert Bresson, et certainement sa générosité immense, sous les exigences souvent mal comprises, et parfois peut-être abusives (il n'était sûrement pas un saint), de ses méthodes de travail.

C'est vrai de la toute jeune Anne Wiazemsky, évidemment, différente à chaque apparition à l'image, véritable splendeur de délicatesse mobile, chez qui les émotions, les forces et les faiblesses, la pensée aussi (Bresson ne filme *jamais* ses modèles comme des idiots, même lorsqu'ils ont à interpréter des idiots) vibrent et rayonnent. Mais vrai aussi des interprètes de Gérard, d'Arnold, du père, du meunier, du capitaine de gendarmerie, toujours regardés au meilleur de leur présence d'homme, de ce qui possède une flamme, une grâce, une dignité, dans leur visage, leurs gestes, leur manière de se déplacer. Là seulement se retrouve le : « s'il y a présence humaine il y a présence divine ». Et c'est dans l'écart revendiqué entre l'extrême brusquerie des caractères et des comportements de tous les personnages de fiction et l'extrême délicatesse dans la manière de filmer ceux qui les incarnent que se produit ce mystère bouleversant – infiniment plus bouleversant que le triste sort du mignon petit âne, ruse sentimentale qui a bien servi la bienveillance dont jouit le film, mais à laquelle il serait fort niais de s'arrêter.

Mouchette (1967)

En 1966, Robert Bresson annonce dans les *Cahiers du cinéma* sa décision de passer désormais, « si on [lui] fait un peu confiance », au projet inspiré par le cycle des chevaliers de la Table ronde. Mais auparavant, il va porter à l'écran un deuxième texte de Bernanos, plus de quinze ans après *Journal d'un curé de campagne*, *La Nouvelle Histoire de Mouchette*, qu'il présente comme « un essai, un exercice ». Le film n'a pourtant rien d'une œuvre mineure. À certains égards, il fait pendant à *Balthazar*. En effet, dans ce précédent film, le mal triomphait systématiquement, au nom d'un parti pris de scénario qui en faisait une parabole funeste et nullement une observation de la réalité, alors que *Mouchette*, qui n'est pas moins sombre, ouvre à plusieurs reprises la possibilité d'autres issues – en quoi il est d'ailleurs fidèle à Bernanos.

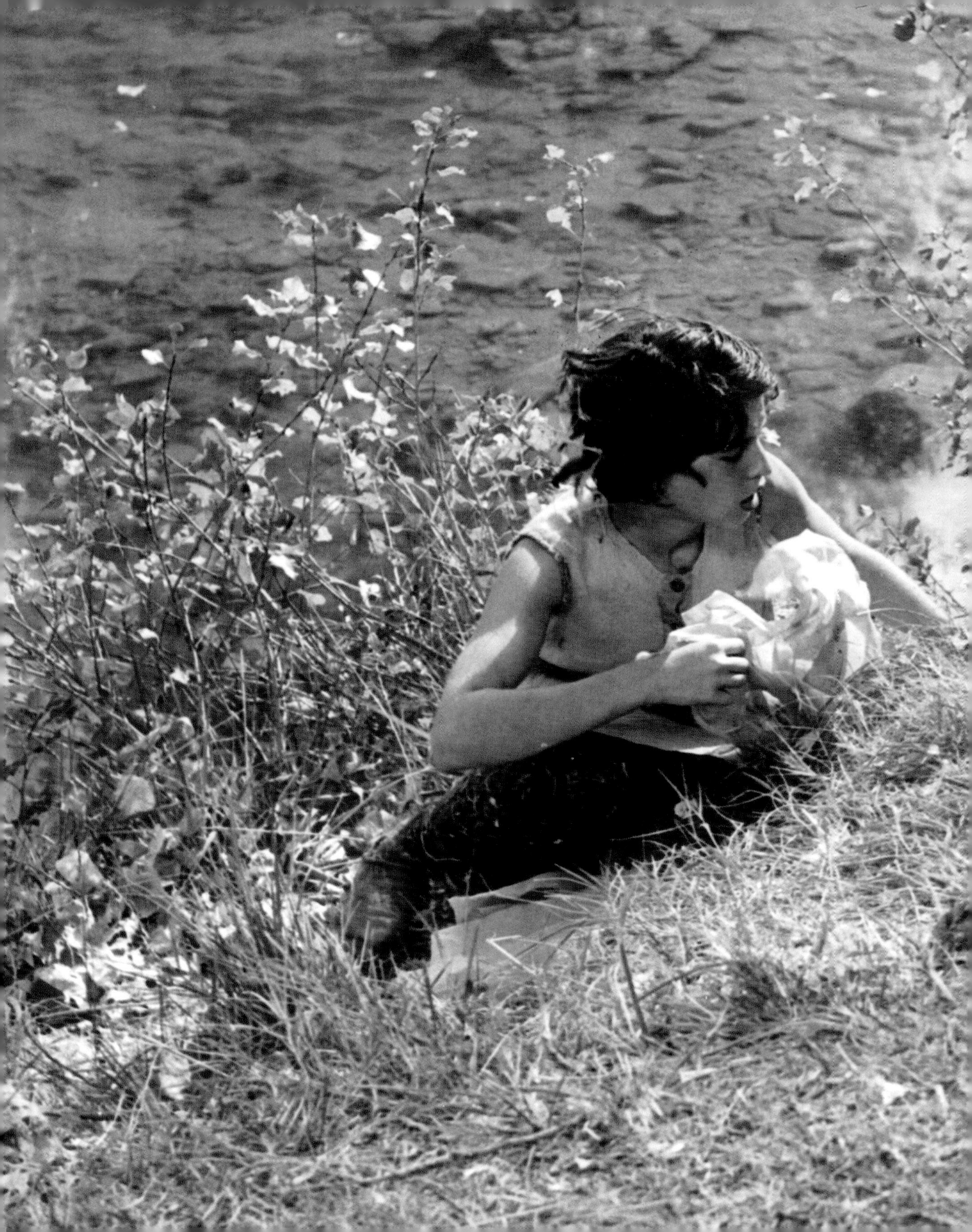

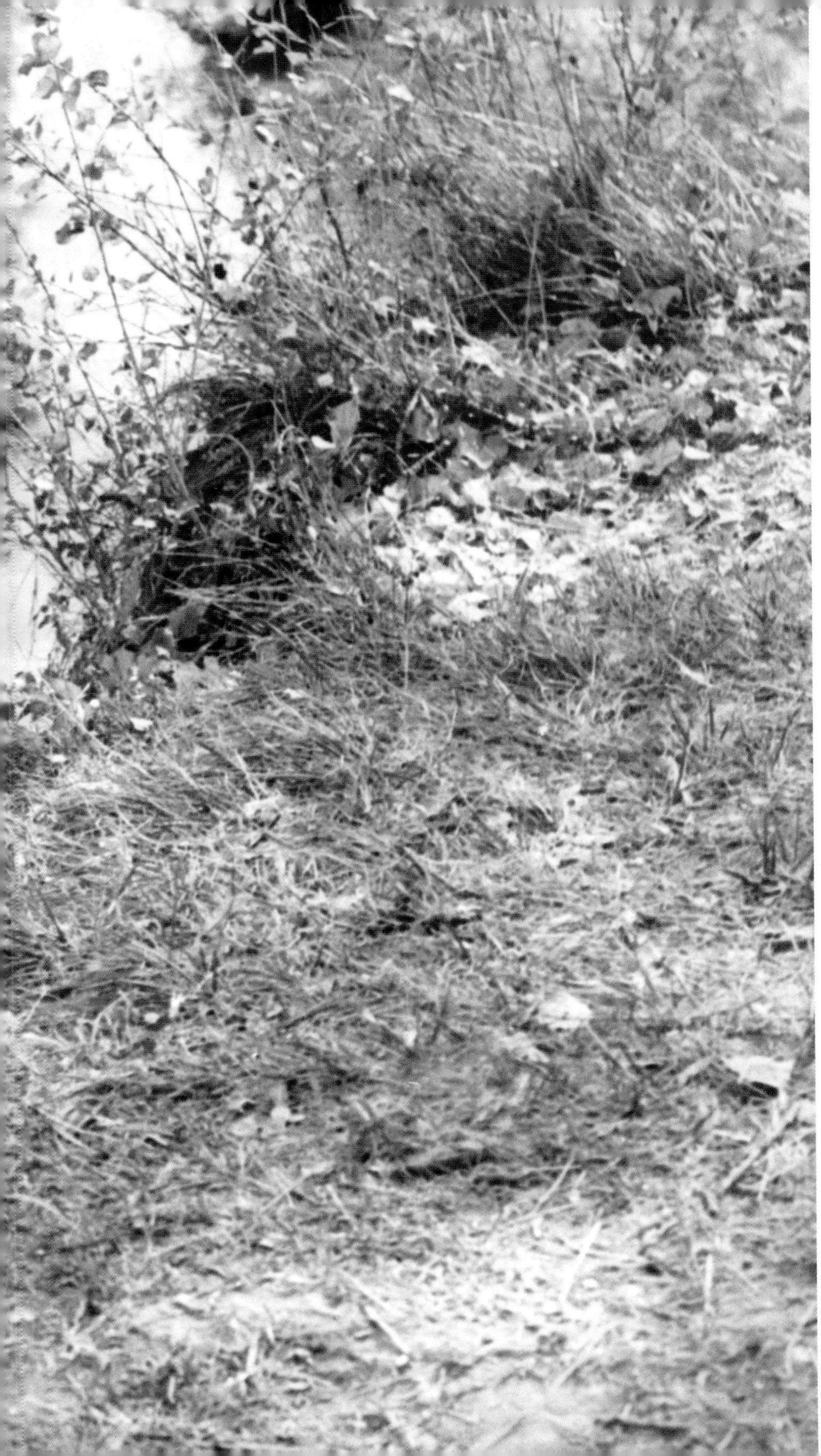

Nadine Nortier : Mouchette.

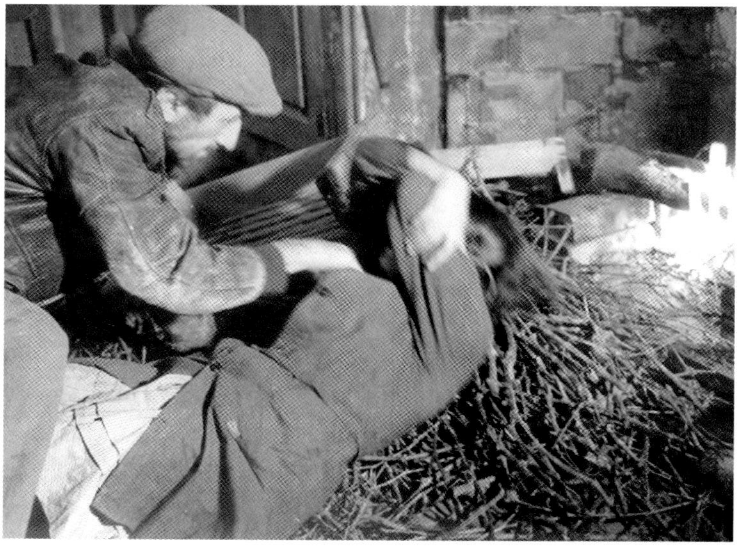

Le viol de Mouchette :
Nadine Nortier et Jean-Claude Guilbert.

Le film conte un des récits les plus terribles qui soient, celui du trajet vers le suicide d'une toute jeune adolescente, à peine sortie de l'enfance. C'est l'espoir d'avenir assassiné, privé de croyance dans sa propre possibilité de survie, que Bresson met ici en scène.

Mouchette commence par un message d'inquiétude, murmuré à voix à peine audible par une femme en pleurs appuyée au pilier d'une église : « Que deviendront-ils ? » Nous ne savons pas encore que cette femme est la mère de Mouchette, et qu'elle est atteinte d'une maladie incurable. Après seulement apparaît le générique, comme si cette plainte surplombait réellement le film, à la place des cartons explicatifs souvent placés par Bresson au début de ses films. Puis surgit un étourdissant ballet de motifs bressoniens : l'œil en gros plan, qui guette, et qui est bien davantage celui des geôliers de Jeanne que celui des animaux dans *Balthazar* ; les mains et la technique, prédatrices, comme dans *Pickpocket*, qui ici posent et relèvent les collets où se prennent les petits animaux de la forêt, libératrices comme dans *Un condamné à mort*, lorsqu'elles sauvent sans raison visible l'oiseau pris au piège – image littérale de la « grâce efficace », au sens que donnèrent à cette expression saint Augustin puis les Jansénistes (la grâce que Dieu accorderait ou non, sans justification compréhensible par la conscience humaine). Dans ce monde de violence et de ruse campé dès la première séquence, se dessine la question théologique qui sous-tend le film, si on prête attention à cet aspect

– on peut aussi voir et aimer *Mouchette* sans s'en soucier. Le film est pourtant bien l'histoire d'une adolescente et d'un monde qui auraient pu bénéficier de la grâce, mais qui ne seront pas sauvés.

Le lien entre *Balthazar* et *Mouchette* est aussi assuré par le cadre, un bourg dans la campagne au temps de l'arrivée des signes de la modernité des années soixante, et par la réapparition d'une des figures les plus marquantes du premier film, le clochard Arnold, devenu le braconnier Arsène : contrevenant à sa propre règle de ne faire appel qu'à des nouveaux venus devant une caméra, Bresson a en effet à nouveau sollicité Jean-Claude Guilbert, qui n'est pas acteur mais maçon de son état. Il est, de fait, tout aussi extraordinaire, séducteur et rusé, brûlant d'une flamme sombre, livré aux excès de l'alcoolisme, de l'épilepsie et du désir sexuel, au moins aussi fou qu'Arnold l'alcoolique violent et dépressif, mais moins naïf. La proximité entre les deux films tient enfin à ce « mauvais fonds » général, incarné en particulier par le père, crétin méchant, et le frère, crétin soumis, de Mouchette, qui trafiquent de ce mauvais pinard de contrebande que tous éclusent sans retenue.

Pourtant ce monde est étonnamment nuancé. Mouchette, l'écolière en totale hostilité contre l'école et ses condisciples, saura chanter sans fausse note l'hymne d'espérance pour ramener Arsène à la conscience (véritable scène de résurrection, sans pourtant rien de surnaturel). La jeune fille s'occupe avec dévouement de sa mère malade et du bébé, dernier-né de la famille. Un plan tout simple, et qui suffirait à faire de Robert Bresson un immense cinéaste et un homme digne d'amour et de respect, accomplit très littéralement sous nos yeux le double sens du mot « grâce » : comme en dansant, Mouchette verse d'un seul geste le café dans quatre tasses côte à côte sans en renverser une goutte. C'est un miracle, et d'une élégance sans apprêt.

Le monde de *Mouchette* n'est pas clos : jouant un rôle comparable aux portes qui ne fermaient pas de *Pickpocket*, ces camions qui circulent sans cesse sont bruyants et un peu effrayants, mais attestent qu'il existe un ailleurs, qu'on pourrait partir. Mais personne ne part. Ce monde est aussi, comme désormais ouvertement tous les films de Bresson, un monde où le sexe est très présent. Le cinéaste se livre d'ailleurs à une

« Parfois les Muses dansent ensemble »

Dans cet entretien, Robert Bresson explicite sa conception du rapport entre le cinéma et les autres arts.

Vos films paraissent séparés entre eux par de longs silences qui vous mettent en quelque sorte à l'abri de l'actualité et qui vous permettent de jeter sur le cinéma d'aujourd'hui un éclairage personnel. Où en est le cinéma d'aujourd'hui ?
Je crains que le plupart des films que nous voyons ne soient que la « reproduction » de quelque chose. Si vous voulez, pour que nous nous comprenions bien, appelons « cinéma » l'ensemble des films d'aujourd'hui et « cinématographe » l'art cinématographique, soit un art qui a ses moyens propres, son langage propre. Il me semble que les films d'aujourd'hui reproduisent le théâtre ou le music-hall. Or, la reproduction de quelque chose n'a pas la valeur de cette chose. La photographie d'une toile ou d'une sculpture n'a pas la valeur de cette toile ni de cette sculpture, et la photographie ne crée pas. L'acte de création dans les films d'aujourd'hui n'est pas dans le domaine du cinématographe, il est dans le domaine du théâtre.

Dans ce que vous appelez le cinéma d'aujourd'hui, c'est-à-dire l'ensemble des films officiels, on constate que beaucoup de ces films se penchent vers la littérature et s'en inspirent : ce sont les nombreuses adaptations d'œuvres littéraires. Comment, en général, ces adaptations sont-elles faites ?
D'habitude, le producteur, c'est-à-dire le financier du film, s'adresse à un adaptateur. En effet, il y a des adaptateurs comme il y a des scénaristes ou des dialoguistes. Cet adaptateur, qui est un écrivain, adapte littérairement une œuvre littéraire. Pour justifier cette action, il déforme, voire dénature, l'œuvre initiale.

Il s'inscrit de cette manière, et automatiquement, en-dehors de ce que vous appelez le cinématographe.
C'est ça. C'est ce qu'il ne faut pas faire.

Comment entendez-vous que soit conçue une adaptation ?
Peut-être devons-nous penser à ce qui arrive chez les peintres lorsqu'ils s'inspirent des toiles d'un autre peintre. De la même façon si vous voulez que Van Gogh a adapté Millet, que Delacroix a adapté Tintoret et Rubens, et Picasso, *Le Déjeuner sur l'herbe* et *Les Femmes d'Alger*. Il me semble que dans ce cas-là, il y a une façon de s'ajuster, de « s'apprivoiser » à l'œuvre initiale, qu'il est difficile de définir.

Il s'agirait en quelque sorte de regarder avec ses propres yeux quelque chose qui était regardé, antérieurement, avec d'autres yeux.
Exactement. Il faut regarder l'œuvre littéraire avec des yeux de cinéaste, afin que l'œuvre cinématographique soit conçue dès le départ dans le langage cinématographique, et non pas passer par un intermédiaire qui n'en est d'ailleurs pas un, puisqu'on passe d'une œuvre littéraire à une autre œuvre littéraire.

Pour faire appel à une comparaison d'ordre pictural, puisque nous évoquions ce domaine il y a un instant, il va de soi que lorsque Van Gogh a adapté Millet, il avait conçu pour la toile initiale un respect. De même, dans le cinématographe, quelle part de fidélité faut-il réserver à l'œuvre littéraire qu'on adapte ?

Je pense que plus l'œuvre est grande, plus il s'agit d'un écrivain prestigieux, plus il faut de respect. Le respect de l'esprit d'abord, mais quelques fois même le respect de la forme, en pensant tout de même qu'il y a une transposition. Par contre, je crois que ce qu'il faut éviter à tout prix, c'est de retrouver la matière littéraire dans un film qui est cinématographique. Le peintre Degas disait : « Les muses ne se parlent jamais, elles dansent quelques fois ensemble. » Ce qui voulait dire que la pénétration d'un art dans un autre n'a jamais lieu mais que parfois, ils se côtoient, ils se touchent presque, c'est peut-être ce qu'il faudrait qu'il arrive dans une adaptation cinématographique. Il faut tenir compte de la part de l'image, et de celle-ci il faut retirer une quantité égale de dialogues, pour qu'il n'y ait pas de pléonasme. Ce qui arrive très souvent dans les adaptations ordinaires, c'est qu'on prend un dialogue théâtral ou bien de roman intégralement, et on y rajoute l'image, ce qui fait double emploi.

N'y a-t-il pas une difficulté considérable à adapter une œuvre qui est considérée comme un chef-d'œuvre ?
« Difficulté » n'est pas le mot, au contraire. Je pense que si on aime une œuvre, on l'adapte d'autant plus facilement.

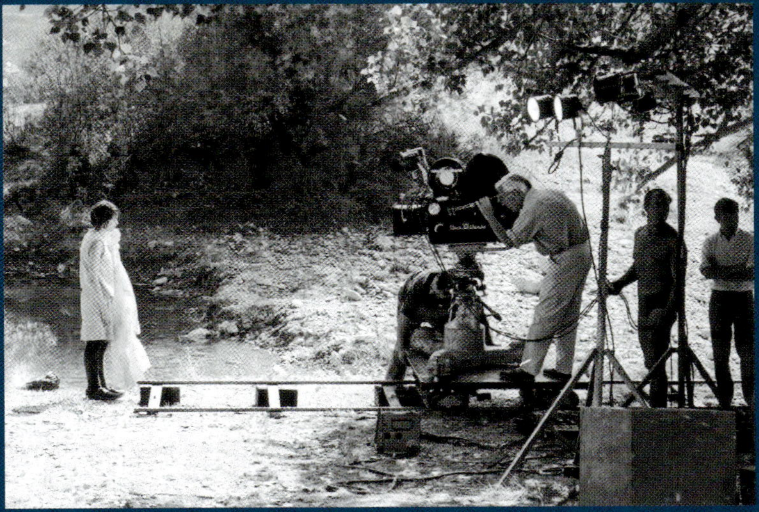

Tournage de *Mouchette*.

« Aimer » signifie aussi « sentir », donc plus on l'aime, plus on la sent et on respect son esprit.

Il n'y aurait donc pas de divergence entre la fidélité et la création, de l'adaptateur à l'œuvre littéraire ?
Si, parce qu'il y a la divergence de la forme. Il ne faut pas que la forme littéraire entre en quoi que ce soit dans l'œuvre cinématographique.

À cet égard, on peut constater que dans un roman, beaucoup d'attitudes, d'objets et de gestes deviennent actes dans un film. Leur réalité n'en est-elle pas accrue dans le film ?
Le grand danger de l'œuvre cinématographique est que la force du roman est dans la suggestion et que la faiblesse du film est dans le « trop montré ». Il faut donc que ces objets et gestes n'interviennent dans le film qu'avec énormément de précaution. Il faut savoir décider du plan dans lequel ils interviennent : au premier plan, en gros plan, s'ils doivent être bien inscrits sur la pellicule, ou au contraire un peu effacés, de façon à ce que chaque chose soit bien à sa place.

Extrait de l'entretien avec Michel Sibiet pour l'émission de télévision scolaire *Aspects de la création dramatique*, diffusée le 23 février 1965 (réalisation Jean-Marie Nokin). Cet entretien figure en complément du DVD de *Mouchette* édité par Arte Vidéo.

véritable et joyeuse polissonnerie, en exhibant une série d'éclatantes petites culottes de filles à l'occasion d'un exercice de « cochon pendu » exécuté par un groupe d'écolières, en apparente totale gratuité. En fait, ce plan trouve deux répondants successifs : immédiatement après cette exhibition rieuse surgit celle, agressive et vulgaire, du garçon qui baisse son slip devant Mouchette en lui ordonnant « Regarde ! » ; et à la toute fin du film, un exercice de gymnastique, qui semble un jeu et se révélera un geste mortel, les roulades de Mouchette vers la mare où elle se noiera, commence par une vision très précise, et certainement pas fortuite, du haut des cuisses de l'adolescente, avec la jarretière marquant la limite du bas foncé et de la chair claire.

Cette troublante ambivalence des signes charge – quasiment au sens électrique – la moindre relation qui s'instaure dans le film. Le chemin de Mouchette ne croise pas que des ennemis : il y a ce garçon de la fête foraine, qui incarne un espoir aussitôt brisé violemment par le père, il y aura les trois femmes qui interpellent successivement Mouchette en route vers ce qui sera sa mort. Mouchette incarne un « être au monde » qui ne sait pas comment y vivre, et y mettra un terme. C'est finalement bien pire que cette pétition de principe du côté du mal de *Balthazar*. Peut-être est-ce cette ambivalence, extraordinairement marquée aussi par la scène d'affrontement entre le garde-chasse et le braconnier, qui se battent comme des chiens, puis boivent et rient ensemble, l'animal et l'humain indistinctement mêlés, qui fit que *Mouchette* fut moins aimé, à sa sortie, que les précédents films[23].

À elle seule, une grande scène concentre cette richesse instable, dérangeante et en même temps très émouvante. Sans interruption sont ainsi enchaînés sur un rythme rapide, mais comme dans un rêve, le « sauvetage » de Mouchette par Arsène, le récit du crime qu'il croit avoir commis, les ruses pour se disculper, l'alcool qui le fait délirer, la crise d'épilepsie, le chant de Mouchette, l'étrange ballet de poursuite, et ce viol montré de manière ô combien ambiguë. Il est clair qu'Arsène agresse Mouchette, mais il y a de la danse de séduction chez celle-ci mêlée à sa frayeur, y compris quand elle se cache inutilement sous la table alors qu'elle pourrait fuir. Et elle se rend vite à l'étreinte d'Arsène, habitée d'un sentiment qui reste mystérieux et dont on ne peut exclure ni le plaisir, ni le défi.

23. Le dernier plan du film produit un effet déstabilisant particulièrement singulier, par un trucage inhabituel chez Bresson : les dernières images de l'eau redevenue claire sont montées plusieurs fois de suite, successivement à l'endroit et à l'envers, pour allonger le plan tout en créant un subtil effet hypnotique. Comme quoi, la vérité du cinéma de Bresson, si elle joue au maximum des puissances de l'enregistrement, recourt si besoin est à l'artifice, à condition qu'il augmente encore la perception du monde.

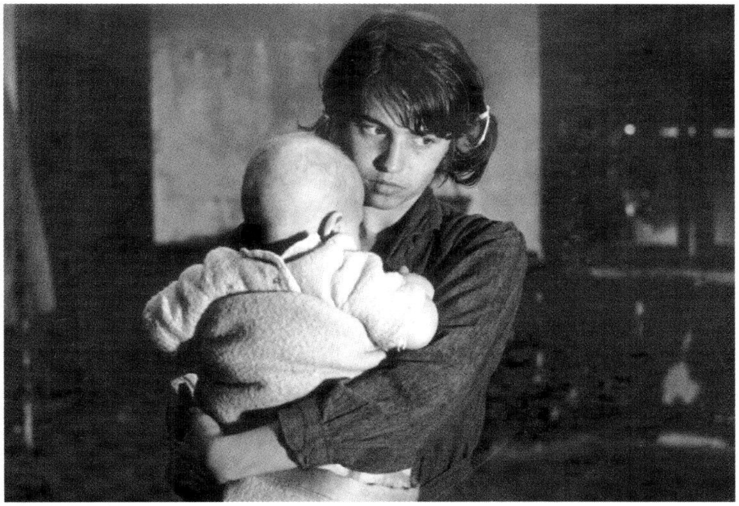

Moment de joie « fragile » :
Nadine Nortier dans *Mouchette*.

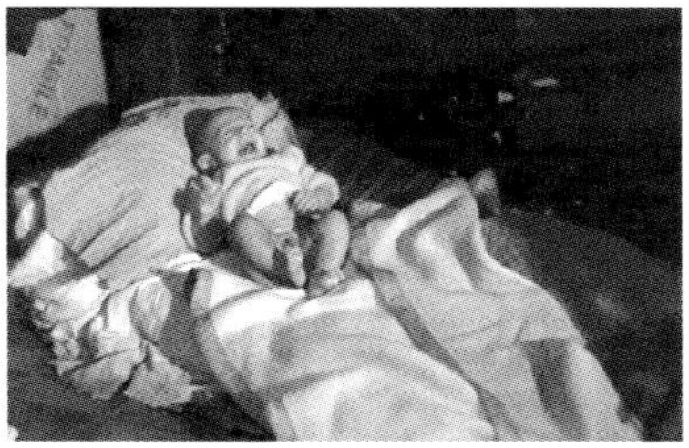

Bresson filme tout cela sans juger personne, et surtout pas la jeune fille de treize ans. Il déjoue de son mieux l'idée d'une prédestination inexorable, alors que par définition le déroulement d'un film implique un enchaînement des événements qui, le film achevé, ne variera plus : le trajet de Mouchette, jusqu'au tracteur qui passe à proximité, jusqu'à la première série de roulades qui s'arrête avant la rive, garde la possibilité de ce qu'elle ne se tue pas. Et elle se tue.

Si les effets de présence physique, avec en particulier l'omniprésence des « humeurs », larmes très fréquemment, sang et bave (voire le « Merde ! » sur lequel la jeune fille quitte sans retour ce qui reste de sa famille), ou la description appuyée des habitats misérables ou sinistres, sont les plus réalistes que Bresson ne montrera jamais, c'est pour atteindre ce qui est sans doute le thème du film pour son auteur – comme d'ailleurs pour Bernanos : une œuvre de compassion pour le triste de sort des humains, et que résume fugacement le plan d'un bébé nu, exposé à tout, à côté duquel se lit en gros le mot : FRAGILE. Le film semble alors réfuter la thèse de la prédestination, qui ferait des humains les jouets d'une grâce divine sur laquelle ils n'auraient pas prise. Cette fragilité est, bien davantage qu'une théologie de la grâce efficace ou contingente, le véritable enjeu du film. Malgré la grande fermeté de la mise en scène elle-même, cette fragilité induit une manière de raconter d'une liberté tremblante, inquiète, qui rend *Mouchette*, si sombre et dur soit le film, finalement moins désespéré qu'il n'y paraissait.

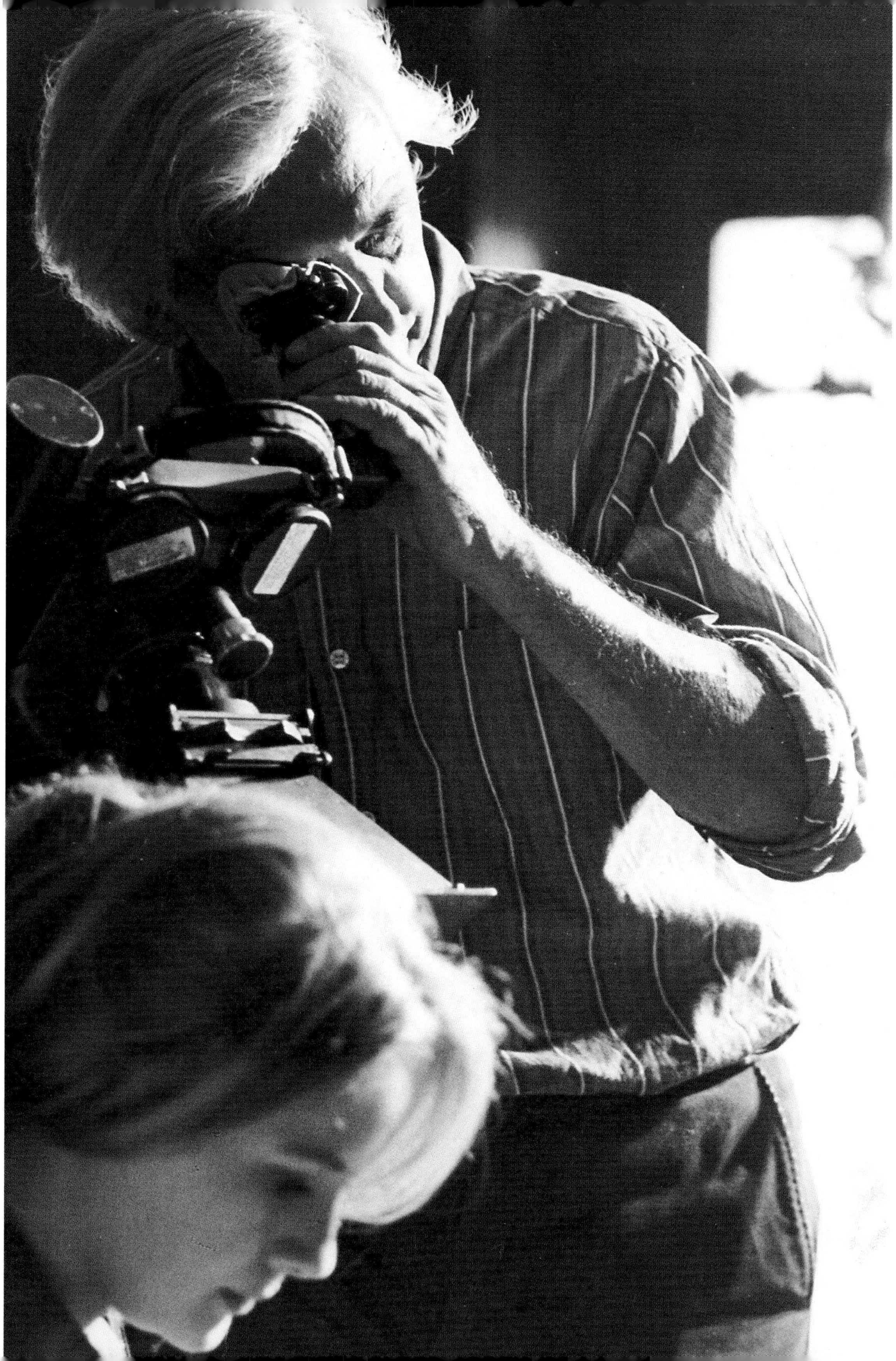

Les cinq coups du désespoir moderne

D'*Une femme douce* à *L'Argent*

Une femme douce (1969)

Jusqu'alors, les films de Robert Bresson se situent dans un monde et dans une France constitués au dix-neuvième siècle. Une France rurale, régie par des rapports au pouvoir, au surnaturel, à la morale, dont les racines plongent dans le Moyen Âge. D'où, sans doute, que *Procès de Jeanne d'Arc* (passé lointain) soit filmé exactement comme *Un condamné à mort* (passé récent) ou *Pickpocket* (présent). Les films de Bresson n'ont jamais évité les signes de modernisation technique, ils ont porté un regard neutre sur les limousines des *Dames*, un regard sans aménité sur les irruptions de la ville moderne dans les campagnes, avec en particulier des bandes-son de rock agressif, et dont l'image peut-être la plus frappante est cet énorme réfrigérateur aux formes dures, derrière Mouchette, dans la cuisine du garde-chasse. Après 1968, feu d'artifice des effets contradictoires du changement d'époque, le cinéma de Robert Bresson ne sera plus le même. Bien qu'il soit douteux qu'il ait apprécié la plupart des modes de manifestation de la révolte de la jeunesse, il effectue à partir de ce moment, dans ses films, un double geste politique : filmer le monde contemporain (y compris dans *Lancelot du lac*, aussi moderne que les quatre autres derniers titres, comme *Jeanne d'Arc* est du même temps que le *Journal* et *Balthazar*), prendre clairement position contre les forces qui dominent ce monde (celles contre lesquelles se sont dressés les jeunes révoltés de Mai 68).

Malgré sa trame romanesque rigoureusement transposée d'une nouvelle de Dostoïevski, *La Douce*, *Une femme douce* est un véritable film-essai, et se revendique ainsi. Bresson, d'une manière inédite chez lui, s'y livre à un véritable commentaire

Page de gauche :
Bresson et son interprète d'*Une femme douce*, Dominique Sanda.

sur l'état de la société, les pratiques de ses contemporains, la situation des arts, et surtout ce qui sera le thème dominant de cette dernière période, le pouvoir de l'argent, et les relations entre les humains qu'il instaure : on a vu des mains se tendre vers des billets ou des pièces dans *Pickpocket* (où, paradoxalement, l'argent comptait peu), *Balthazar* et *Mouchette*, ce geste, véritable leitmotiv du début d'*Une femme douce*, y prend un relief particulier qui annonce la thématique du dernier film. Plastiquement, la rupture opérée par le film de 1969 est évidente. Le passage de Bresson à la couleur est sans doute moins significatif que le traitement qu'il en fait. Le noir et blanc sculpté de Philippe Agostini (*Les Anges du péché*, *Les Dames du bois de Boulogne*), les eaux-fortes inspirées de Burel (*Journal d'un curé de campagne*, *Un condamné à mort s'est échappé*, *Pickpocket*) s'adoucissant des estompes de *Procès de Jeanne d'Arc*, le réalisme hanté de Cloquet pour *Balthazar* et *Mouchette* attestent de différences très réelles entre les films, mais le geste pictural renvoie à divers aspects du classicisme. À nouveau secondé par Ghislain Cloquet, Bresson compose pour *Une femme douce* une image en couleurs sans couleur, il revendique une recherche chromatique « résolument moderne », très différente mais aussi radicale que celle que mène Godard depuis *Une femme est une femme* (1963) et *Pierrot le Fou* (1965) ou Antonioni depuis *Le Désert rouge* (1964). Il n'y a qu'un instant vraiment coloré dans *Une femme douce*, la tache de sang de l'héroïne morte, sur le trottoir, que diluent aussitôt les mains de son mari et geôlier.

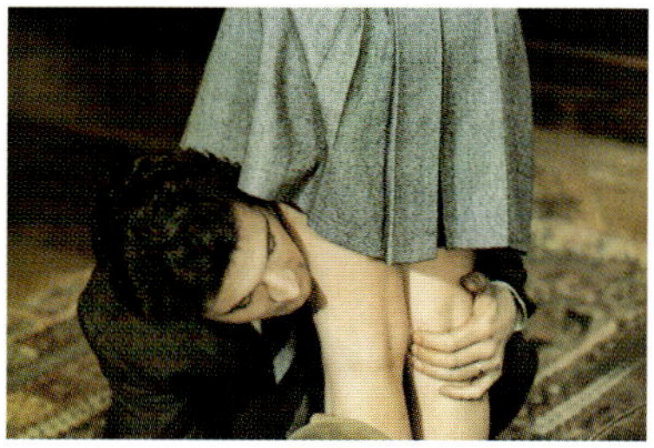

Guy Frangin.

Ce mari est-il aussi, indirectement et involontairement, son assassin ? L'histoire du film le prétend, ce n'est pas ce que suggère l'esthétique de ce film d'une pâleur mortelle.

La (non-)couleur est à relier directement au choix de l'héroïne, et de son interprète, Dominique Sanda[24]. Sa beauté émouvante ne change rien à l'effet de tristesse infinie qui émane d'elle dès la première apparition : une pâleur de morte, une évanescence de noyée au fil de l'eau (elle évoque Ophélie bien avant qu'on assiste à une représentation d'*Hamlet*). Bresson, continuant de s'enhardir, nous montre pour la première fois son héroïne nue, de face comme de dos, et cette peau si blanche et ces formes parfaites semblent celles d'une statue ou d'une morte. Rien de plus artificiel que les supposées joie de vivre et explosion de désir qui

Page de droite :

Premières images :

le suicide d'*Une femme douce*.

24. Dominique Sanda était mannequin. Après la révélation par Bresson, elle a eu une longue carrière et a joué notamment chez Bernardo Bertolucci (*Le Conformiste*, 1970), Vittorio De Sica (*Le Jardin des Finzi Contini*, 1970), Philippe Garrel (*Le Berceau de cristal*, 1976), Benoît Jacquot (notamment *Les Ailes de la colombe*, 1981), Jacques Demy (*Une chambre en ville*, 1982).

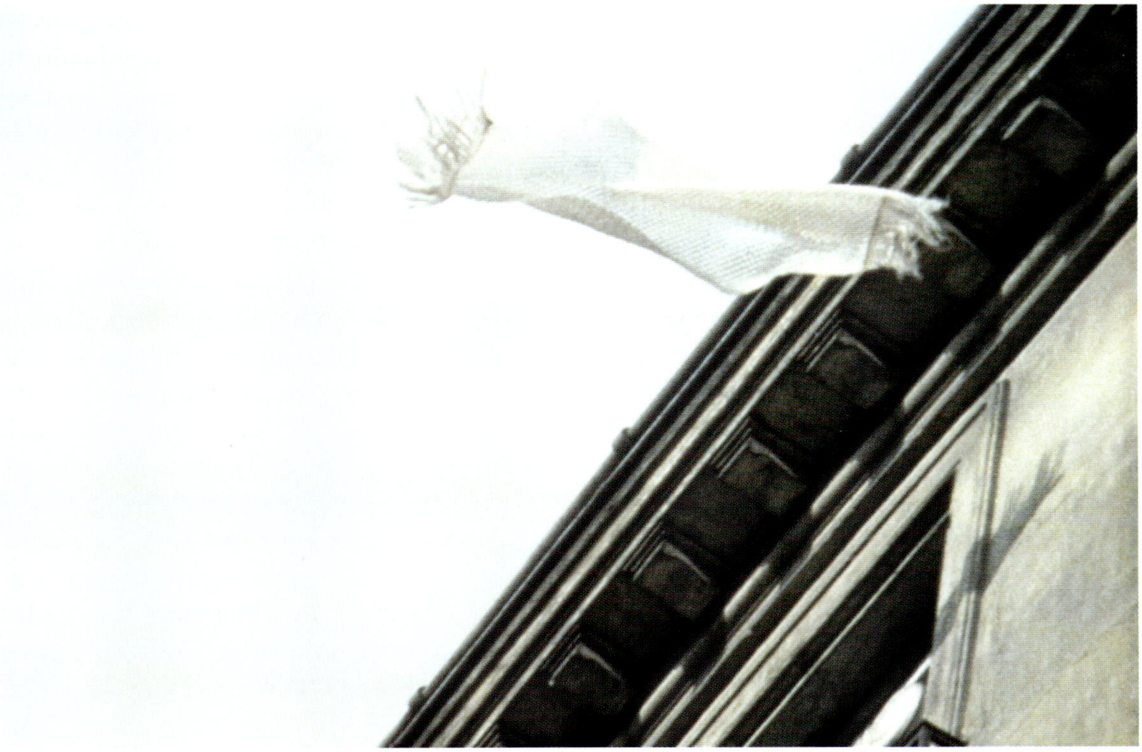

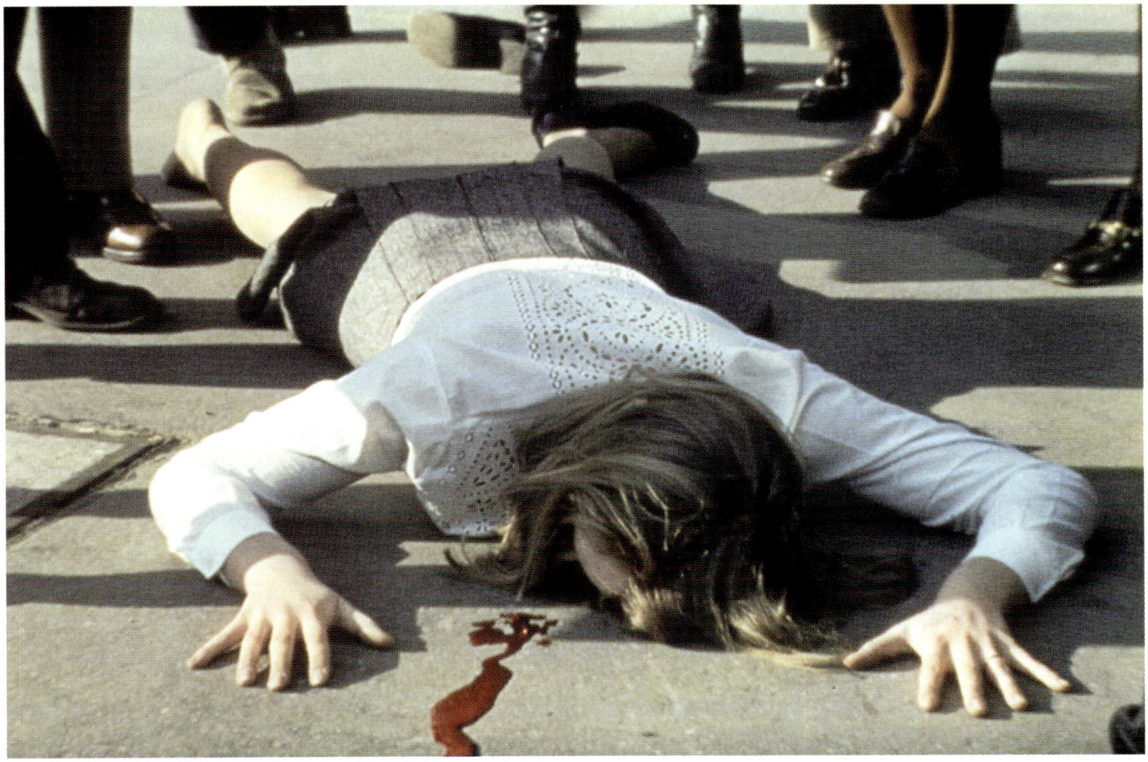

succèdent brièvement au mariage : la réalisation « jette de l'eau froide sur cet enivrement » bien avant l'époux rigoriste.

C'est le mari qui raconte l'histoire, au passé, Bresson demeurant fidèle au procédé du flash-back, qui n'est pas cette fois écrit à l'écran mais proféré, soit sur des images rappelant ce qui s'est produit avant le suicide de la jeune femme sur lequel s'ouvre le film, soit carrément devant son cadavre, près duquel nous, les spectateurs, restons aussi, près d'une heure et demie !

La tonalité générale du film s'est en effet encore « assombrie » depuis *Mouchette*, et si Bresson enchaîne exactement un suicide d'adolescente (dernier plan de *Mouchette*) et un suicide de très jeune femme, « qui semblait avoir seize ans » (premier plan d'*Une femme douce*), cet assombrissement trouve sa forme plastique dans ces tons extrêmement pâles, ces tissus diaphanes, ces lèvres blêmes, ces fleurs blanches comme l'écharpe qui semble flotter, suspendue, alors que le corps s'est écrasé hors champ déclenchant un tumulte de freins, de klaxons et de cris. L'histoire sera racontée aux côtés d'une morte, mais n'était-elle pas déjà morte lorsqu'elle « vivait » dans l'enfer d'un monde où ne souffle aucun « vent », aucun esprit, d'un monde où « le Christ est séparé du métal » (comme il est dit dans le film), cet or qui a pris tout le contrôle de l'organisation de l'existence.

La charité n'est qu'une ruse ou une faiblesse et, moins qu'une histoire de jalousie, il s'agit d'un drame de possession, de la part de ce prêteur qui ne sait qu'attribuer un prix à chaque chose, et voudrait aussi s'approprier sa femme. Toute théorique est la mention du plaisir physique que partageraient les deux époux : à voir le film, on ne croit pas une seconde à ces supposées effusions passionnées, mais la phrase improbable du mari à la vieille servante devant le cadavre de son épouse[25] proclame, contre les théories de l'époque sur la libération sexuelle que, pour Bresson, ce n'est pas du tout là que se situe le problème. Pour la première fois, le film comporte pourtant de nombreux commentaires sur la vie contemporaine : week-ends à la campagne grâce à la voiture, états de l'art moderne, de la musique populaire, du cinéma de consommation…

Une femme douce ressemble à un rêve, plutôt à un cauchemar. Le générique nocturne, le fait que les personnages n'aient pas de nom, l'abstraction aérienne et suréclairée de la scène d'ouverture lacérée par la bande-son l'installent d'emblée dans

25. « Ce soir-là on a tiré de grands plaisirs l'un de l'autre. Mais elle n'a pas changé d'attitude et je ne cherchais que la possession de son corps. »

cette apesanteur paradoxale, puisque c'est la pesanteur – la chute du corps de la jeune femme sans nom – qui lui sert de déclencheur. Mais on ne la voit pas tomber, on voit son châle flotter. Le côté cauchemardesque est accentué par la reprise de motifs chers à Bresson, ici peut-être encore plus insistants : la multiplication jusqu'à l'absurde des trajets qui attestent d'un vide plus que d'un chemin, et des cadrages sur les pieds et les mains qui finissent par dénoncer un manque de visages en même temps qu'une activité inutile et désordonnée. Ce cauchemar est d'autant plus horrible qu'il est rigoureux : confier le récit à l'homme, coupable sans être un bourreau, détenteur d'une lucidité inutile sur ce qui s'est produit, impose un point de vue auquel on ne peut ni échapper ni adhérer, qu'il est à la fois impossible de réfuter et de partager.

Quatre Nuits d'un rêveur (1972)

Quatre Nuits d'un rêveur est le seul film relativement optimiste de toute la dernière période. Un film où les notes d'une douceur parfois sentimentale se font entendre, aux côtés d'un humour qui peut être assez ironique, sur la timidité du garçon, la naïveté de la jeune fille, mais sans noirceur. Il est aussi possible que ce soit le film le plus directement autobiographique de Robert Bresson, qu'il ait lui-même ressemblé au jeune homme du film un demi-siècle plus tôt, et que l'observation amusée de ces travers et difficultés à vivre soient empreinte d'une autodérision qu'on le lui connaît guère ailleurs. Simultanément, le film, qui enregistre à nouveau très soigneusement

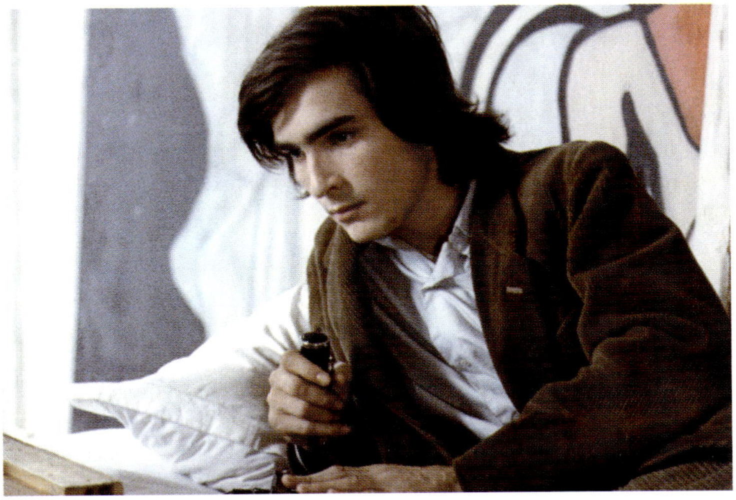

Guillaume des Forêts
dans *Quatre Nuits d'un rêveur.*

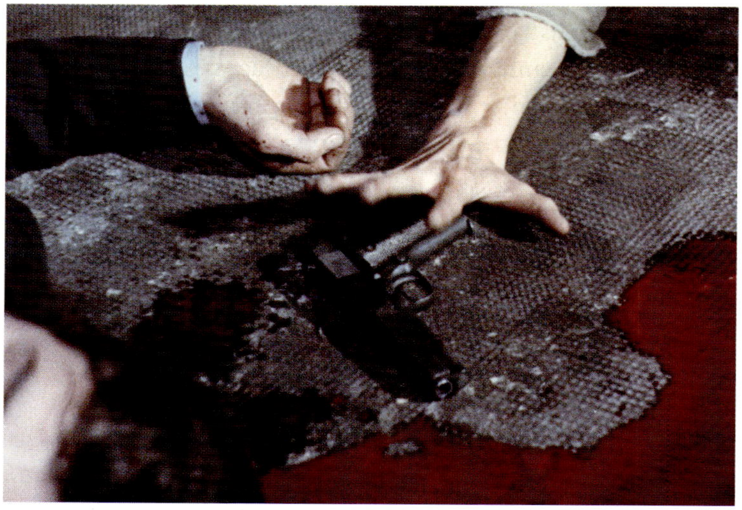

Quatre Nuits d'un rêveur.

nombre des aspects de la vie quotidienne de son époque, notamment parmi la jeunesse parisienne aisée et marquée par les changements de mœurs qui ont suivi Mai 68, en donne une image plutôt joyeuse et simple. Adapté, comme *Une femme douce*, d'une nouvelle de Dostoïevski[26], *Quatre Nuits d'un rêveur* se passe lui aussi à Paris « de nos jours », et son générique se déroule également sur fond de déambulation nocturne dans les rues. Mais ces deux films ainsi apparentés relèvent de tonalités pourtant totalement opposées. *Quatre Nuits d'un rêveur* s'ouvre par une scène d'exultation exceptionnelle chez le cinéaste, où un jeune homme que nous ne savons pas encore être Jacques, le principal protagoniste, se rend en stop à la campagne le temps d'une scène de communion joyeuse, physique et enfantine avec la nature. Puis la première véritable scène est celle, en opposition claire avec tant d'autres films et en particulier le précédent, de l'échec d'un suicide : sur le Pont-Neuf, Jacques empêche Marthe de se jeter dans la Seine. De la relation qui se noue entre eux durant les trois nuits suivantes, sous les auspices de l'amour trahi de Marthe pour le locataire de sa mère parti aux États-Unis le jour même où elle s'est donnée à lui, un an et trois jours plus tôt, le film fait à la fois une revisitation légère des thèmes abordés de manière tragique dans les films précédents, et un exemple unique de la façon dont le cinéma de Bresson, sans rien renier de ses principes ni de ses ambitions, aurait pu aussi conter autrement de moins sombres histoires. Car l'émotion et la beauté sont là. On trouve même une sorte d'humour presque potache (souvenir d'*Affaires*

26. *Les Nuits blanches*, texte qui avait déjà inspiré Luchino Visconti (*Nuits blanches*, 1957).

publiques ?), dans la manière de filmer le couple du vieux riche et de la jeune beauté qui fera fantasmer Jacques, lui inspirant le récit de ses imaginaires amours vénitiennes, dans le plan où Jacques enregistre au magnétophone les pigeons qui roucoulent, dans l'apparition du nom de Marthe sur la devanture des magasins et à la proue des péniches dès lors que Jacques est amoureux. La cruauté n'est pas loin, sans méchanceté d'ailleurs, mais pas sans énergie, qu'il s'agisse de montrer le mauvais cinéma (la séance-piège par laquelle le soupirant éconduit se venge), de pointer le charabia du jeune peintre prétentieux, de faire jouer ensemble l'incapacité de passer à l'acte de Jacques et sa manière de sublimer cette incapacité (ce n'est pas de l'impuissance) par ses tableaux et par les histoires qu'il confie à son magnéto… Le voyeurisme est ici fièrement et tendrement assumé par le beau plan du corps d'Isabelle Weingarten se contemplant, peut-être se découvrant, nue dans son miroir. Bresson filme les jeunes gens d'alors avec tendresse, il y a de la musique et des chants, une beauté magique des bateaux illuminés qui passent sous les ponts de la Seine (et dont se souviendra Leos Carax dans *Les Amants du Pont-Neuf*), des promesses de bonheur possible. Les innombrables circulations, déambulations, transmissions (de messages) sont ici le vecteur d'un possible mouvement en avant, ils sont espoirs – même contradictoires : Jacques attend l'amour de Marthe qui attend l'autre garçon. Et, au contraire de chez Dostoïevski, l'épilogue de la relation entre les deux jeunes gens n'est pas la fin amère d'une aventure d'adolescence. Il y a un écho direct entre le fameux « Oh, Jeanne, quel drôle de chemin il m'a fallu prendre… » de *Pickpocket* et la dernière réplique de *Quatre Nuits d'un rêveur* : « Oh, Marthe, quelle force fait briller tes yeux d'une telle flamme, illumine ta figure d'un sourire pareil ? Merci de ton amour. Et soit bénie pour le bonheur que tu m'apportes. » Jacques ne parle pas à Marthe, qui s'est jetée dans les bras de son premier amant dès qu'elle l'a revu. Il s'agit de la fiction que (se) raconte Jacques. À cette phrase succède le geste de se remettre à peindre. Comment ne pas songer au jeune Bresson, peintre et forcément déjà « rêveur » d'histoires qu'il enregistrerait bientôt avec des appareils (caméras et micros) comparables au magnétophone qu'utilise Jacques. Des amours intensément éprouvées, même malheureusement, feront une vie, une œuvre.

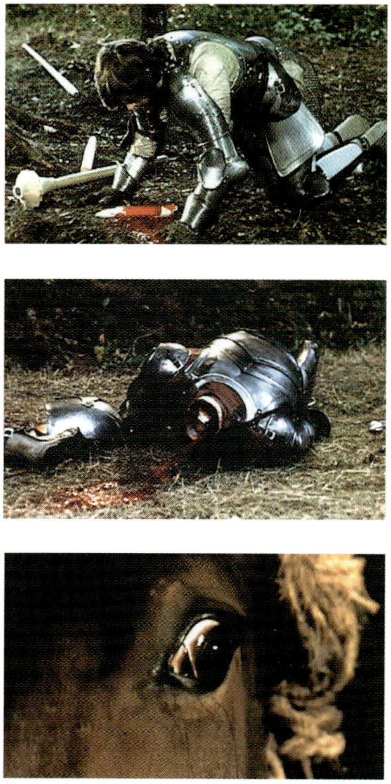

Lancelot du lac.

Lancelot du lac (1974)

On ignore dans quelle mesure cette version du projet d'adaptation si longtemps porté par Robert Bresson est conforme à ce qu'il envisageait depuis le début, ou si ce que montre le film est le résultat d'une évolution accomplie par le cinéaste au cours des ans et qui, après le fugace rayon de soleil, de lune plutôt, de *Quatre Nuits d'un rêveur,* en fait un film d'une terrible noirceur et d'une terrible froideur, un film qui ne ressemble pas à ce qu'on aurait pu attendre de lui une décennie plus tôt. Il est certain en tout cas qu'il ne donna pas suite à son idée, annoncée huit ans auparavant[27], d'un film tourné en deux langues, le français et l'anglais, voire trois, en y ajoutant l'allemand. Ce projet, passionnant lorsqu'on sait le rapport de Bresson aux mots, aux voix et à la diction, était aussi lié à des considérations financières : il escomptait avoir davantage de moyens grâce à une coproduction internationale, il n'en fut rien. S'il eut finalement la possibilité de tourner ce film qui, même en recourant à de radicales ellipses et à des choix de stylisation extrêmes, suppose tout de même des frais de costumes et d'accessoires d'époque, des cascadeurs et des chevaux, c'est grâce à Jean-Pierre Rassam, producteur prêt pour les aventures les plus courageuses du cinéma de son temps, avec la complicité de Jean Yanne[28].

Au générique donc, « Jean-Pierre Rassam et Jean Yanne présentent… ». Ce qu'ils présentent est d'emblée une catastrophe. Il n'existe probablement pas de séquence introductive d'un film plus horrible que les premiers plans de *Lancelot du lac.* Trois brèves séquences montrent successivement un combat à l'épée où très vite un chevalier est décapité, un puissant jet de sang jaillissant de son cou tranché, horrible et ridicule, un autre touché à l'entrejambe, le sang s'écoulant en abondance tandis qu'il agonise, un troisième touché à la tête à travers son heaume d'où sont projetés de véritables geysers de sang. Le tout sans un mot ni un cri, seuls de petits gémissements accompagnant ces images[29]. Viennent ensuite une vision de corps calcinés qui fait aussitôt penser aux images contemporaines de victimes du napalm au Vietnam, et le saccage des objets de culte d'une église, qui atteste combien ce massacre est spirituel autant que physique. Puis un déroulant explique la tragique déroute des chevaliers de la Table ronde envoyés par leur roi, Artus, chercher le saint

27. *Cahiers du cinéma*, n° 178, mai 1966.

28. Les films de Jean Yanne produits par Rassam ont été des triomphes publics permettant de financer des projets exceptionnels – Godard, Ferreri, Garrel font eux aussi partie des grands cinéastes qui ont pu travailler grâce à Rassam. Un très jeune interprète de *Lancelot du lac*, Humbert Balsan (dans le rôle de Gauvain), verra à l'œuvre celui qui deviendra pour lui une référence – Balsan deviendra à son tour l'un des producteurs les plus audacieux de son époque, avant de finir tragiquement, broyé par le système, comme Rassam l'avait été un quart de siècle plus tôt.

29. Dans l'entretien avec François Weyergans pour *Robert Bresson ni vu ni connu* (1965), le cinéaste déclarait qu'il ne fallait pas montrer à l'écran le moment de la mort, seulement l'immobilité de la mort, les suites. C'est donc aussi contre ses propres convictions, en se faisant violence à lui-même que Bresson accomplit ce terrible coup de force de la séquence d'ouverture de *Lancelot*.

Graal et qui non seulement échouent mais pour la plupart perdent la vie. Ce sont des naufragés, aussitôt promis eux aussi à la mort par la prophétie d'une vieille paysanne, qui s'en retournent au château royal. Très clairement, Bresson choisit de ne conter que *l'après* de cette catastrophe, lorsque la discorde et la mesquinerie divisent les survivants alors que leur raison de vivre, individuellement et collectivement, a disparu. C'est le sens de la scène où Artus annonce qu'il va fermer la salle de la Table ronde où il réunissait ses chevaliers. À Gauvain qui lui dit : « Sire, donnez-nous un but », le roi ne peut que répondre qu'il leur avait donné un but, trouver le Graal, et que la quête de ce but a non seulement échoué mais a détruit la communauté et son mode de vie. Il n'est pas difficile de transposer à la réalité politique contemporaine du film ce constat désespéré, que ce soit du côté de la promesse révolutionnaire ou du côté de l'annonce d'un progrès salvateur par les élites dirigeantes.

On retrouve donc ce motif si fréquent, quoique de manières différentes, dans les films de Bresson : des films au présent, mais hantés par le passé, ou contés rétrospectivement. Il ne s'agit pas ici d'un flash-back, il s'agit au contraire d'une survivance : les personnages sont des fantômes, des succubes, qui bougent et parlent encore, rejouent même les gestes du combat et du désir, alors que tout a déjà été joué, et perdu. Ce que peint *Lancelot* est un monde d'après la chute, mais une « seconde chute » : le

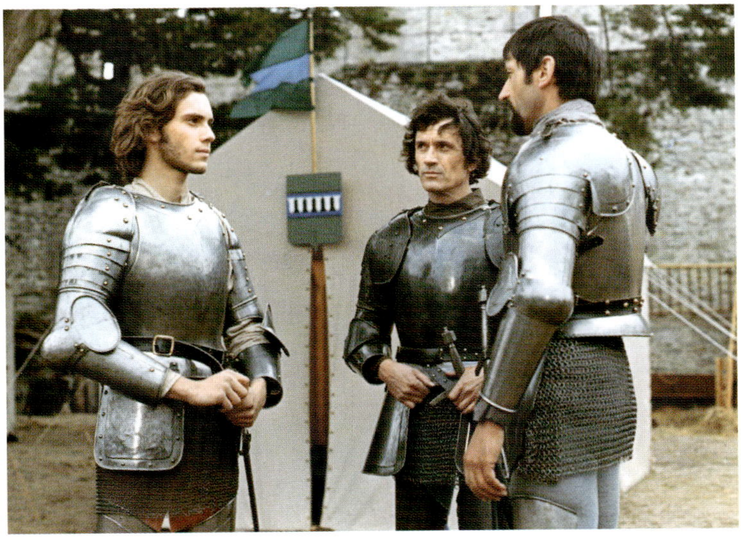

Humbert Balsan (Gauvain),
Luc Simon (Lancelot du lac),
Vladimir Antolec-Oresek (Artus).

monde qui précède n'était pas le jardin d'Éden, c'était le monde des humains. Habités d'un idéal et organisés par des valeurs et des règles, ils pouvaient y vivre ensemble. Une catastrophe a ruiné ce monde dont les protagonistes sont des survivants qui marchent à leur tour vers leur anéantissement. C'est donc la chronique disjointe, fragmentaire, des suites d'une catastrophe menant à l'effondrement définitif d'un monde que Bresson met en scène. Ce motif est fréquent dans le cinéma de cette époque, il se présente d'ordinaire sous la forme d'une nostalgie sentimentale et réactionnaire – tout le contraire de Bresson.

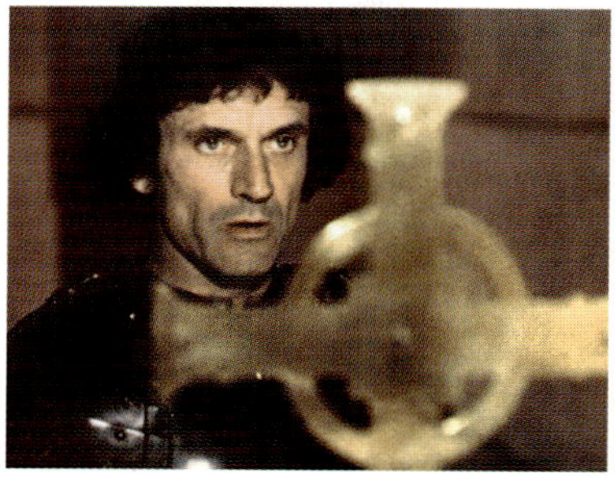

Lancelot du lac : Luc Simon.

Trivial et dissonant, le bruit de ferraille des armures participe de cette sensation, comme les gros plans des yeux exorbités de chevaux, qui semblent rendus fous d'horreur par ce que les humains ont fait du monde (nouvel usage d'un motif bien reconnaissable). Depuis longtemps, Bresson travaille le fragment, cadre les pieds ou les mains en les isolant, ici il atteint une forme d'abstraction que l'usage de la couleur renforce. Les formes géométriques des blasons et les jaillissements de sang participent d'un graphisme non figuratif, qui évoque parfois le constructivisme ou les toiles de Mondrian. Nulle magie n'habite ce récit qui pourtant était à l'origine plein de merveilleux. La fée Viviane et Merlin l'Enchanteur, figures majeures du cycle arthurien, ont disparu : comment ne pas songer à la formule, qui date de cette époque, du « désenchantement du monde » ? Elle s'applique à tous les films de la dernière période de l'œuvre de Bresson, alors que, malgré leur noirceur et leur pessimisme, *Balthazar* et *Mouchette* appartenaient à un univers où l'hypothèse d'un surnaturel merveilleux ou d'un autre monde demeurait possible. Huit ans avant de pouvoir réaliser *Lancelot*, Bresson annonçait qu'il allait « essayer de transporter cette féerie dans le domaine des sentiments[30] », mais dans le film de 1974 les sentiments non plus n'ont rien de féerique, ou plutôt, il n'y plus là aucun sentiment. Et la relation de Bresson à ses interprètes, surtout à celle qui tient le rôle féminin principal, indicateur sûr de la relation entre l'auteur et son œuvre, est ici de très basse intensité. Bresson avait imaginé jadis offrir le rôle de Guenièvre à Anne Wiazemsky ; il est évident que *Lancelot* aurait été un autre film. Des « modèles » de *Lancelot*, il déclare : « Naguère, je cherchais et choisissais [mes interprètes] pour leur ressemblance morale avec les personnages. Cela me

30. *Cahiers du cinéma*, n° 178, mai 1966.

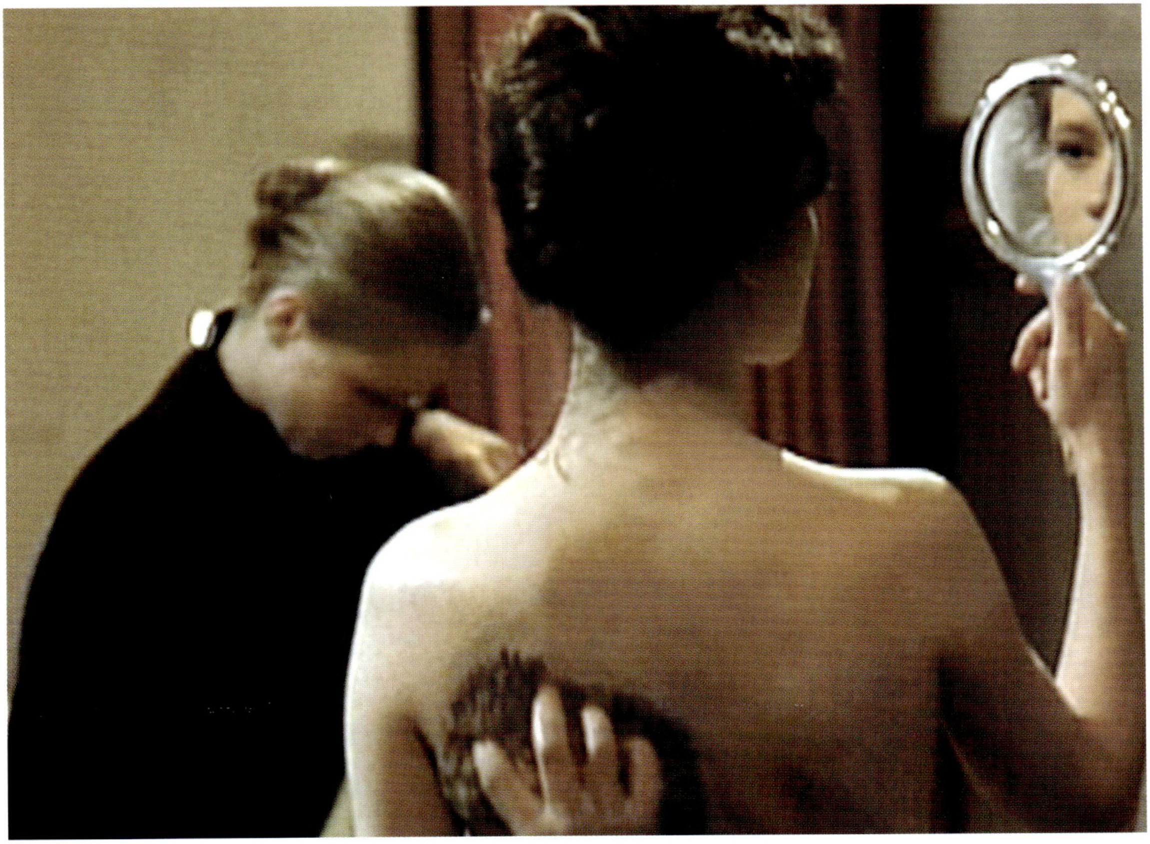

Guenièvre : Laura Duke Condominas.

coûtait beaucoup de temps. Aujourd'hui, pourvu que rien ne me paraisse contraire, ma décision est prise. [...] Je m'en remets surtout à mon flair et à la chance[31]. » Difficile d'afficher davantage de distance. On a le sentiment que la nudité de Laura Duke Condominas ne l'intéresse pas du tout, et que même le sort de ses preux promis à la mort dans une boucherie aux sons de casserole ne l'émeut nullement. C'est que Lancelot, Guenièvre, Gauvain ou Artus ne sont plus des personnages. Ils sont des figures, qu'animent des mouvements venus d'avant. Ces jeunes gens vêtus et coiffés d'une manière étrangement proche des apparences d'une partie de la jeunesse française au moment où Bresson tourne le film (cheveux longs, vêtements amples et colorés) s'étreignent ou s'affrontent au nom d'un élan qui n'est plus. Ils bougent dans la lumière d'un astre mort dont seul le rayonnement fossile anime encore leurs silhouettes. Ce sera, plus explicitement, le regard – d'ailleurs sans condescendance ni hostilité – que Bresson portera sur la jeunesse d'alors dans son film suivant.

31. *L'Avant-Scène*, n° 155, février 1975.

Nicolas Deguy : Valentin.

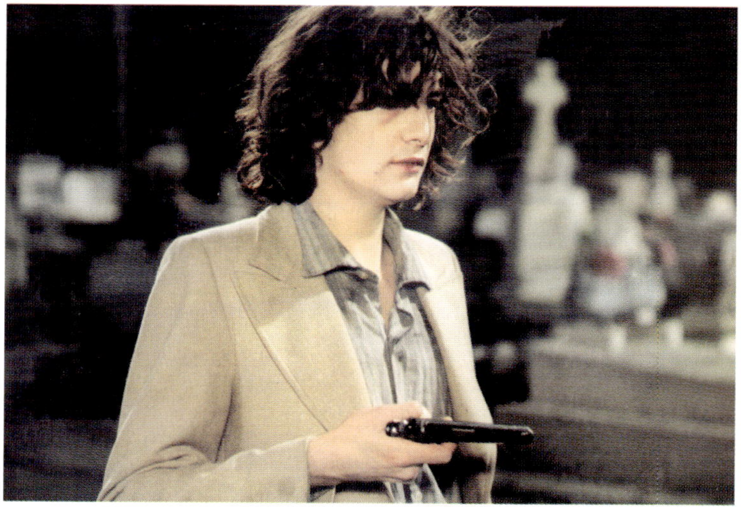

Le Diable probablement (1977)

À nouveau la mort n'est pas au terme du film, elle en est au principe même. Et à nouveau c'est une morne mort, sans aucun éclat tragique : une mort de fait divers, annoncée par une coupure de journal. Comme dans *Une femme douce*, le film retrace le chemin vers cette mort, qui n'a plus rien de la gloire sublime de celle de Jeanne au bûcher. Celui qui va mourir, Charles, dira détester autant la mort que la vie, il s'agit d'un renoncement, d'un abandon, d'un terrible constat d'échec face à un monde que submergent la médiocrité et la laideur, éternels ennemis combattus par Bresson. Jamais celui-ci n'a donné une image grandiose du mal, jamais il ne lui a accordé de majuscule. Le diable du titre (titre emprunté, à nouveau, à Dostoïevski) n'est pas Lucifer, Belzébuth ou Méphistophélès. Ce n'est pas quelque grande passion perverse, quelque pulsion ravageuse. C'est la bassesse et l'avidité des humains, une inclination régressive et paresseuse. Et avec cette liberté d'un humour pour le coup assez douloureux, Bresson se moque de l'utilisation même du nom du diable dans son film, inventant une burlesque intervention démoniaque (un accident de bus) à la formulation inconsidérée des mots qui composent le titre. L'humour est une dimension importante du cinéma de Bresson, dimension souvent mésestimée ; à la mesure même du regard navré qu'il porte ici sur le monde contemporain, cet humour très noir multiplie ses traits volontairement dérisoires. Dérisoire et désespoir ne s'opposent pas, ils riment pour produire une discordante et très impressionnante vibration.

Le Diable probablement est aussi le film de Bresson qui se réfère le plus explicitement à l'actualité, à l'état atroce d'un monde contemporain, essentiellement défini par la montée des catastrophes écologiques provoquées par l'appât du gain et l'indifférence des hommes. Cas unique dans son œuvre, Bresson montre des images d'actualités, très violentes, avec massacre de bébés phoques, boues rouges de Seveso, pollution au mercure de Minamata et difformité des enfants nés dans cet environnement... Il fait de l'écologie, à une époque où elle est loin d'avoir obtenu la légitimité conquise ensuite, l'horizon politique le plus justifié et le plus urgent, l'espace de révolte en rupture aussi avec les schémas révolutionnaires hérités du passé, et auxquels Bresson n'a jamais adhéré. Les catastrophes qui détruisent la nature, les animaux et les hommes ont la violence d'un fléau divin, mais ce n'est pas Dieu qui envoie aux hommes ces nouvelles plaies d'Égypte, ce sont les hommes eux-mêmes qui se les infligent, et les infligent au monde. Ces catastrophes sont celles que génère la « modernité », non pas en tant que telle, mais dans les

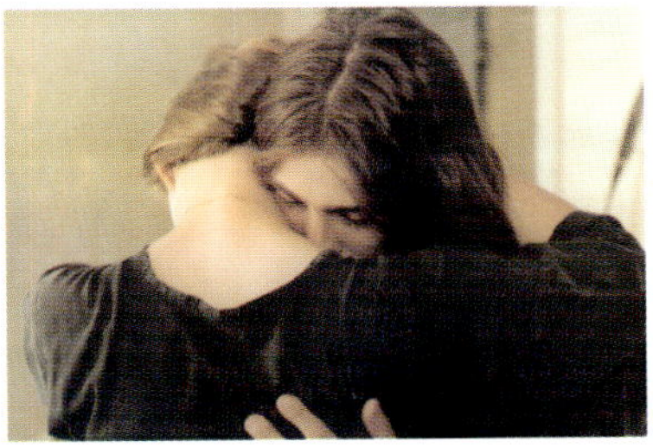

Antoine Monnier et Tina Irissari.

Un groupe de jeunes gens sur la voie de la révolte et de la sincérité : *Le Diable probablement.*

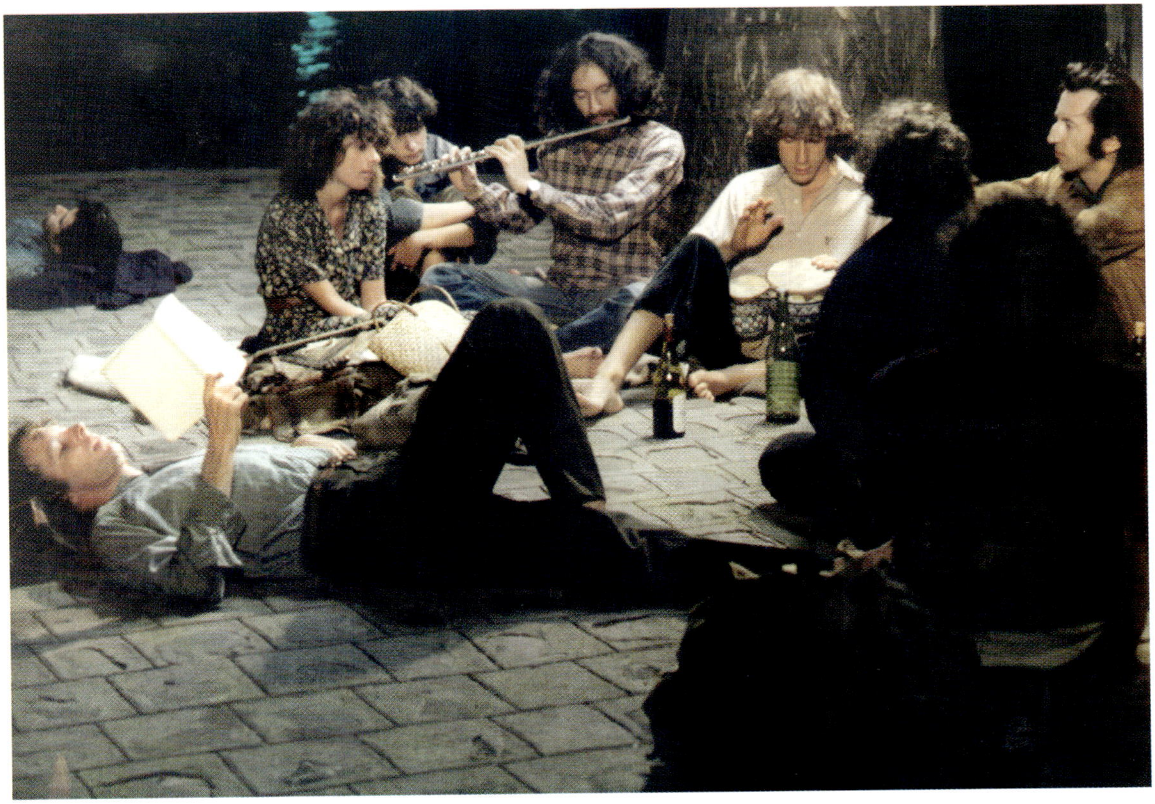

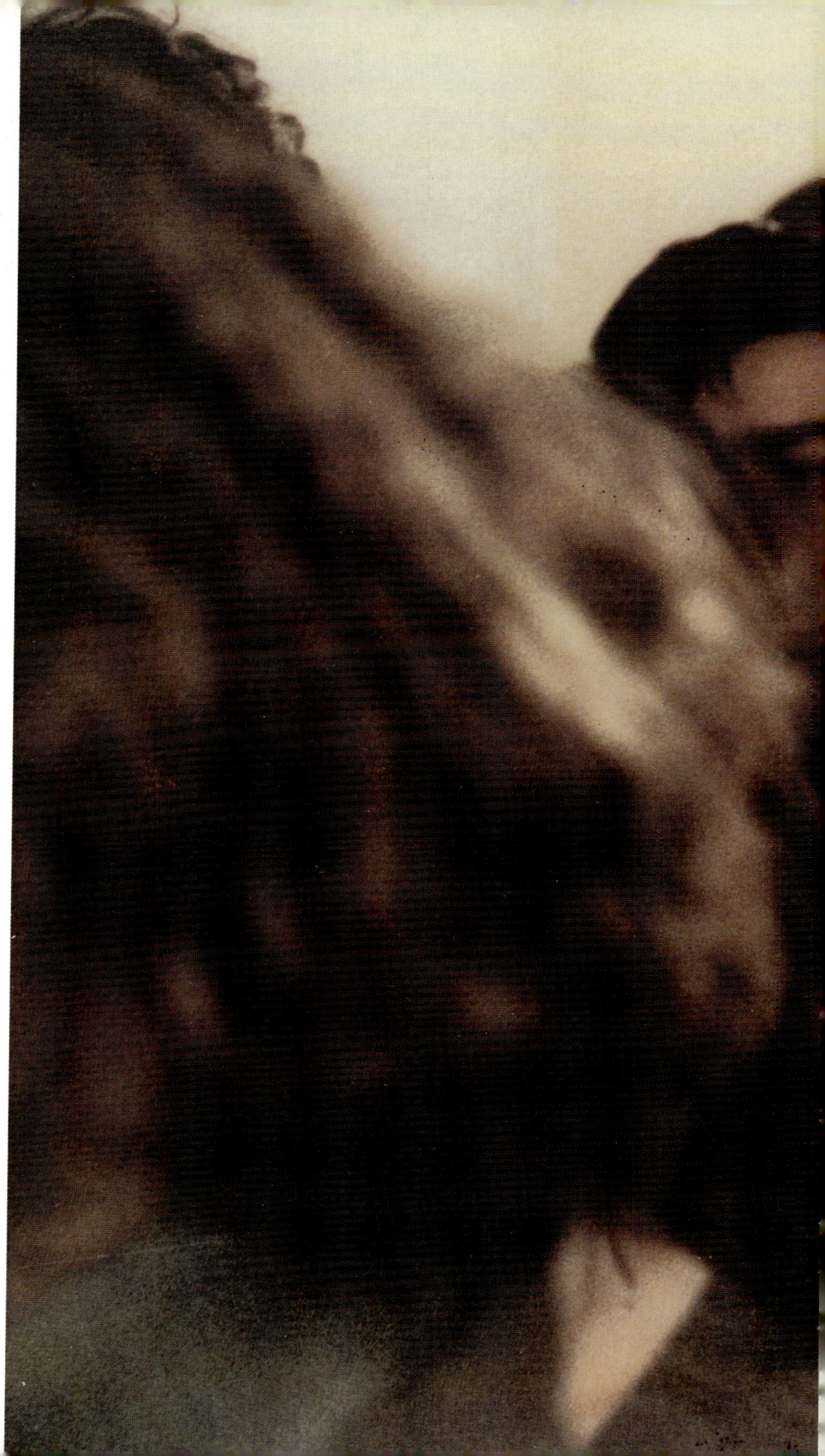

Antoine Monnier.

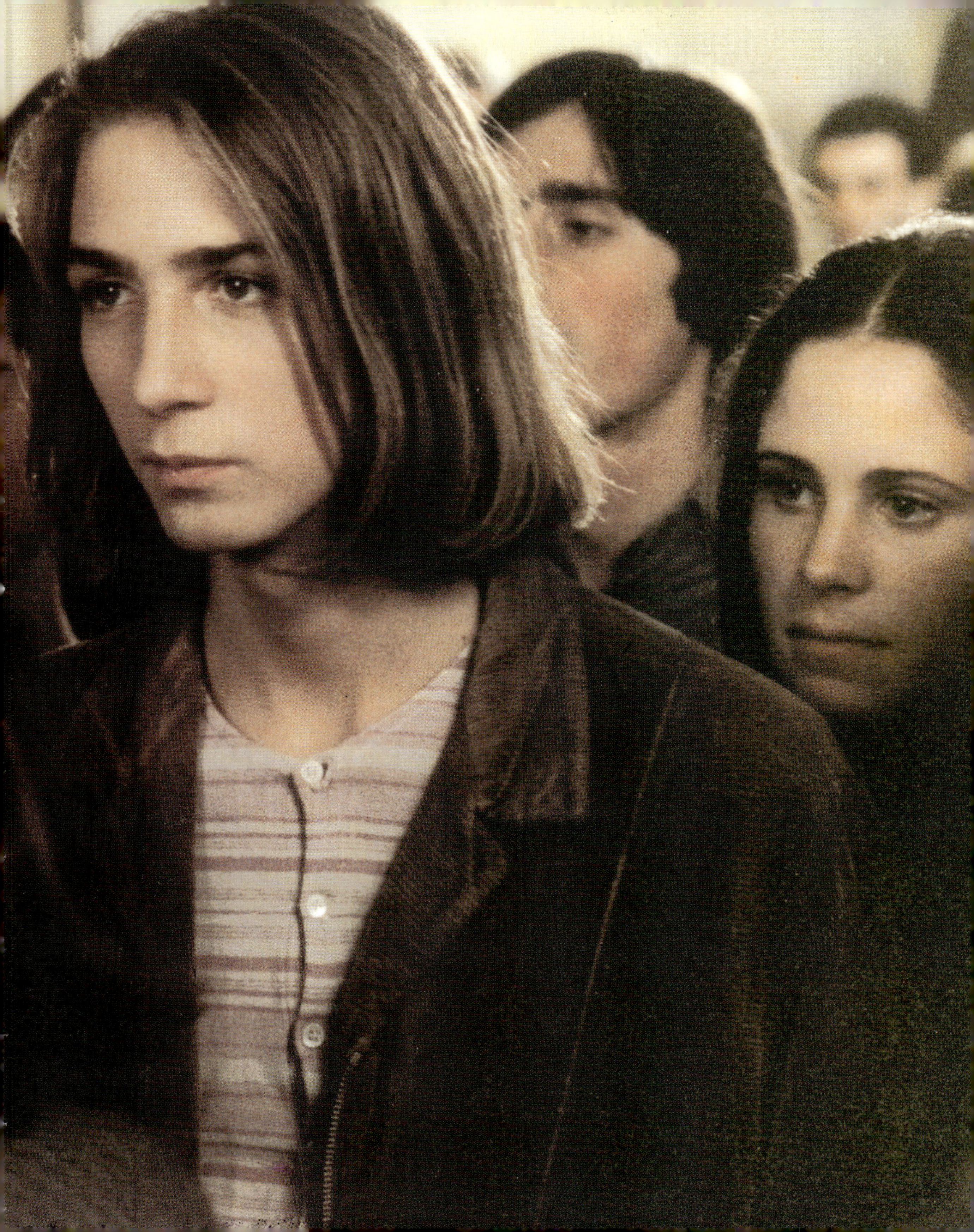

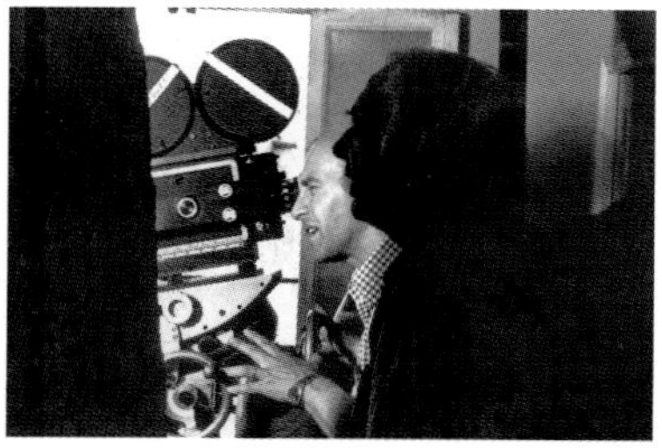

Bresson et son chef opérateur Pasqualino De Santis.

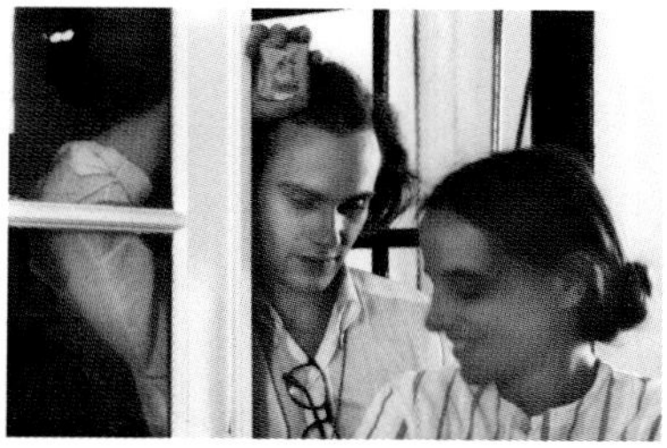

Deux assistants sur le tournage du *Diable probablement* : Mylène Van der Mersch et Humbert Balsan.

formes qu'elle prend alors concrètement. Et il est remarquable qu'en dessous de l'article annonçant la mort de Charles au début du film on puisse lire le titre d'un autre article, consacré à l'arrivée de « l'ordinateur pour tous ». En 1977 !

Le Diable probablement est un film politique, un film de désespoir politique. Il met en scène l'impuissance de l'action, cette action qu'avaient tant valorisée *Un condamné à mort*, *Jeanne d'Arc* ou *Pickpocket*. Il est aussi le contrepoint tragique de ce que *Quatre Nuits d'un rêveur* avait de juvénile et de possiblement joyeux. Sans partager leur utopie, mais en y voyant avec une affection amusée un écho de sa propre jeunesse, Bresson aura aimé voir au bord de la Seine ces jeunes gens bohèmes du tout début des années soixante-dix. Leur rêve d'une vie changée est désormais passé. La cruauté du réel a repris tous ses droits.

Le film se construit autour de deux jeunes gens, Michel et Charles, celui qui croyait au combat et celui qui n'y croyait pas, accompagnés de deux jeunes femmes, Edwige et Alberte, de quelques autres adolescents en rupture d'ordre social et familial, dans un univers où les adultes sont absents, défaillants, horribles ou grotesques. Ces jeunes gens sont issus de la génération 68, leur idéalisme, leur aspiration à un monde moins corrompu leur vaut encore l'affection du cinéaste, mais il ne croit nullement en la réussite de leurs projets. « Le pessimisme de Bresson ne date pas d'hier; dans *Le Diable*, il est seulement plus à nu », écrit Serge Daney[32]. Lorsque Bresson fait dire à Alberte : « Il n'y aura pas de révolution. C'est trop tard », la formule claque comme une affirmation à laquelle adhère le film entier. Le débat idéologique ou religieux aussi bien que la circulation des affects ou l'échange des mots se jouent entre le médiocre, l'odieux et le ridicule.

Il reste cette séquence au centre du film, moment terrible de pure poésie visuelle où, dans le fracas des tronçonneuses, les grands arbres tombent, les uns après les autres. Cette séquence, à la fois documentaire, métaphorique et conçue comme la répétition d'une syncope musicale, est sans équivalent dans le cinéma de Robert Bresson. Sans les contredire, elle ne relève pas de ce que cherchent à construire les *Notes sur le cinématographe*, elle entrebâille

32. Auquel le film inspire une ample méditation sur le son, et en particulier sur les usages de la voix au cinéma (« L'Orgue et l'aspirateur », *Cahiers du cinéma*, n° 279, septembre 1977 ; repris dans *La Rampe*, Cahiers du cinéma, coll. « Petite bibliothèque des Cahiers du cinéma », 1996).

Page de droite :

Tina Irissari en présence de Robert Bresson.

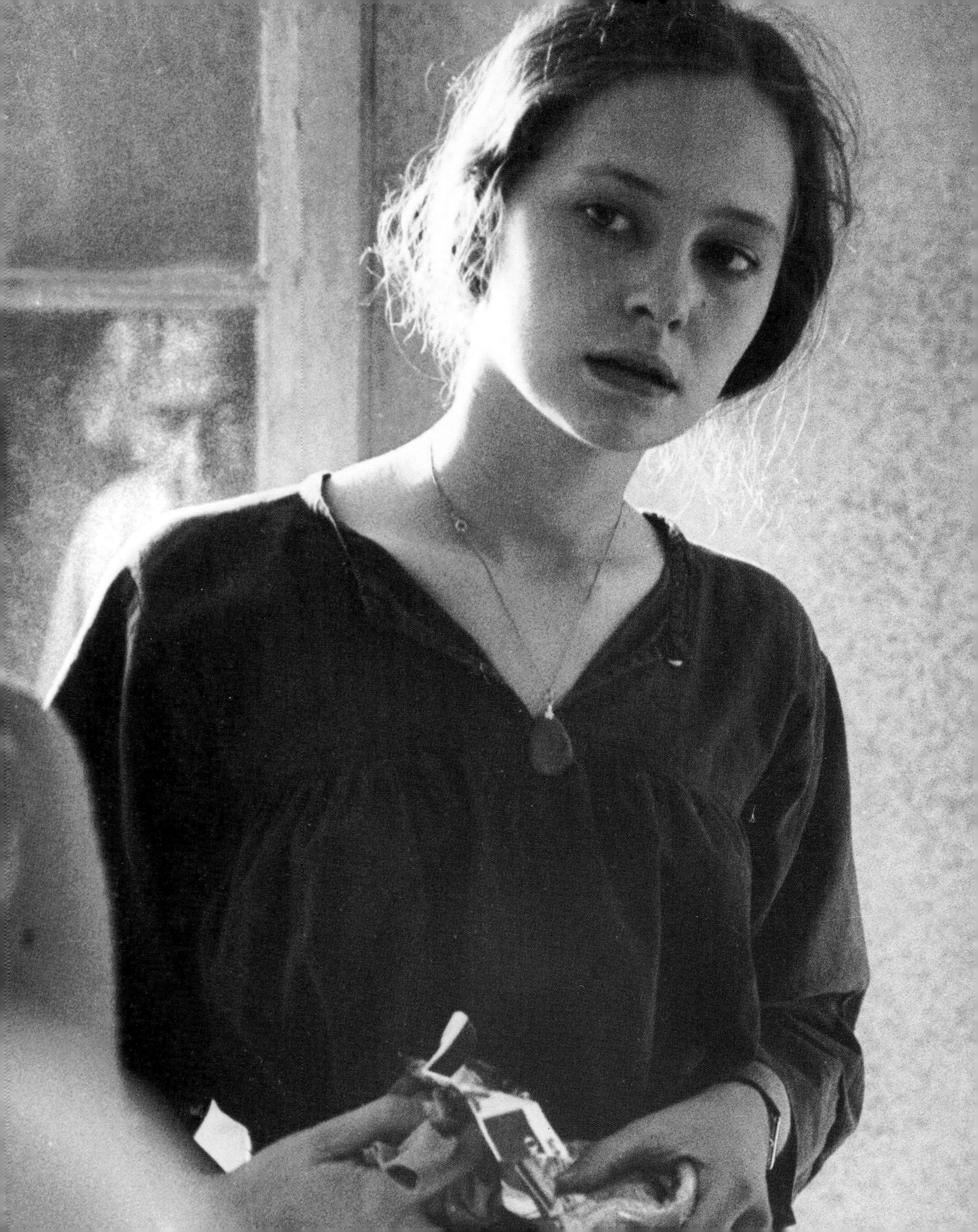

Le motif des mains

Les mains sont l'un des motifs les plus présents dans l'œuvre de Robert Bresson. Dès *Les Anges du péché*, elles jouent un grand rôle, avec à la fois les gestes d'union (1) et le leitmotiv des mains entravées (2), qui réapparaîtra dans *Un condamné à mort s'est échappé*, *Procès de Jeanne d'Arc* (3), *Pickpocket*, *Au hasard Balthazar*, *L'Argent*… Si l'extraordinaire ballet des mains durant la grande séquence de vol à la tire gare de Lyon (*Pickpocket*, 4) est devenue justement célèbre, les mains industrieuses du *Condamné*, la main qui écrit (*Pickpocket*, 5), la main avide qui s'agrippe à l'argent (*Mouchette*, 6), la variation de *Lancelot* (la main qui caresse, celle qui se tend en signe de paix, celle qui se prépare à tuer, 7, 8, 9) participent à cette manière très simple et très riche de dire l'ambivalence des gestes de l'homme.

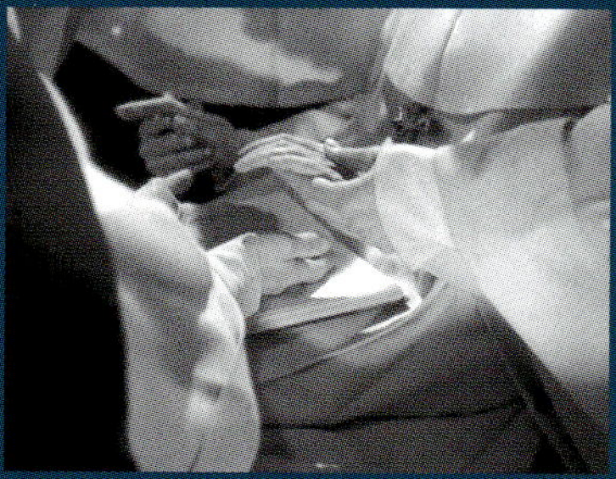

1

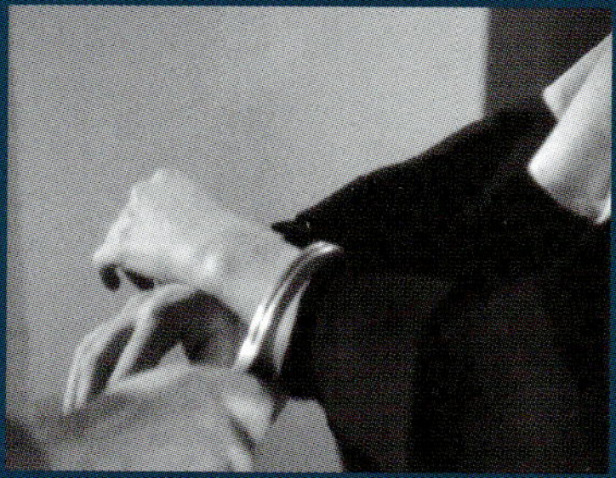

2

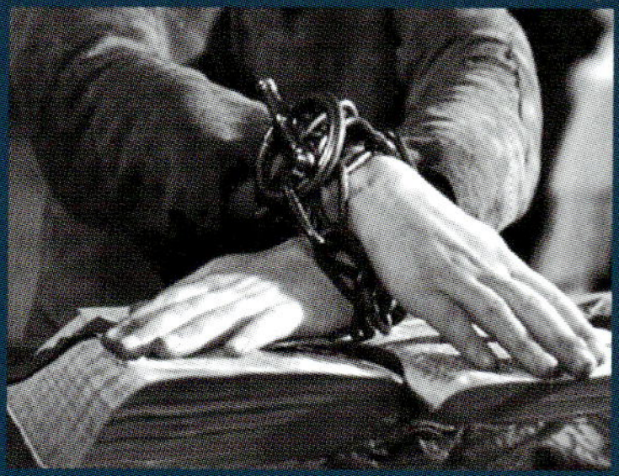

3

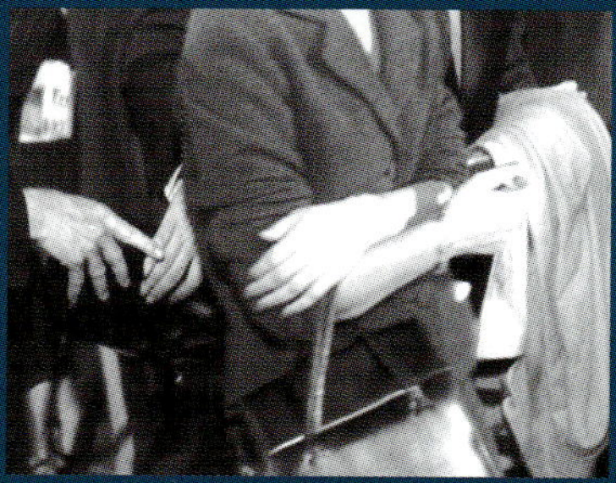

4

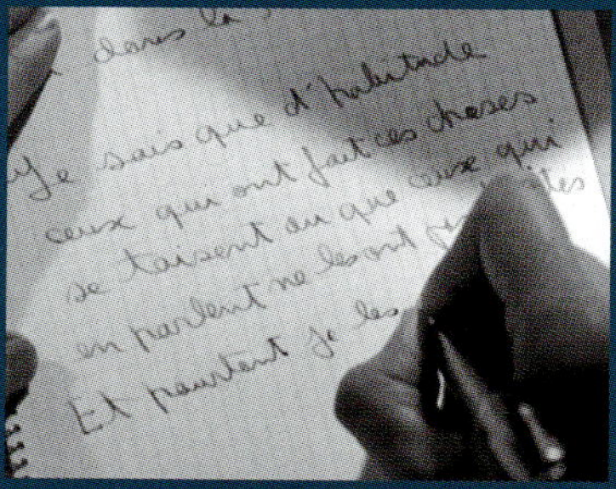

5

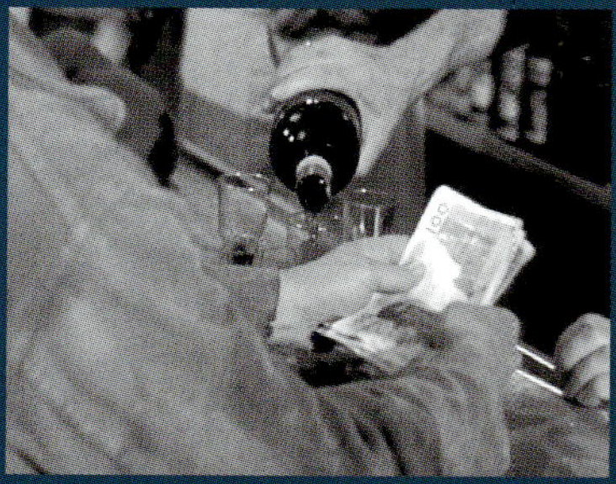

6

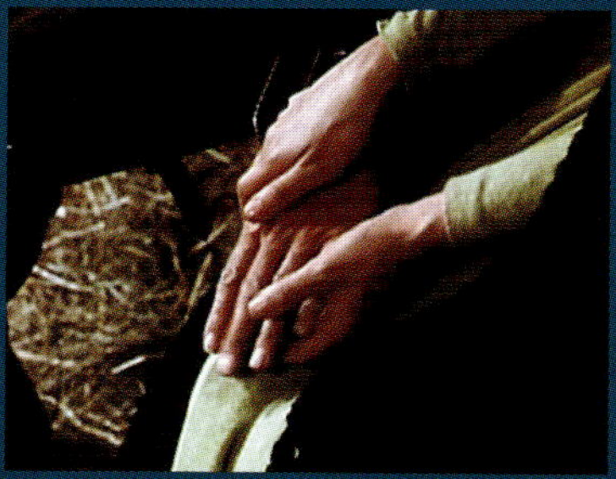

7

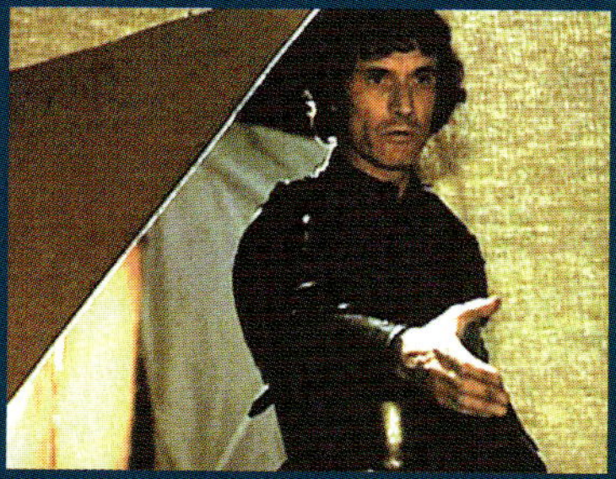

8

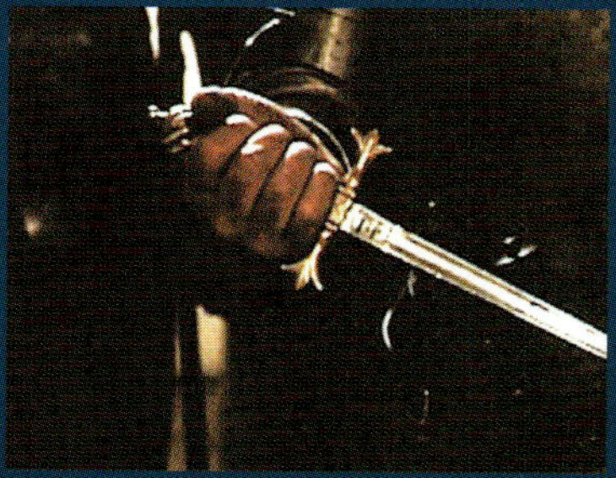

9

dans le film une expérimentation nouvelle, dont on rêve que le cinéaste ait pu explorer la voie dans des films suivants. Cela ne sera pas. Les grands arbres tombent, tombent, tombent. Charles, celui qui ne croit plus qu'il soit possible de vivre dans un tel monde, celui qui n'est pas non plus capable de se tuer lui-même (« de ses propres mains »), se bouche les oreilles avec les mains. Voilà désormais à quoi servent les mains. À se retirer, de manière dérisoire, du monde. Dans l'univers de Bresson, c'est la pire des défaites.

L'Argent (1983)

Les mains, toujours aussi présentes, ne serviront plus qu'à deux actes dans *L'Argent* de Robert Bresson : prendre et tuer. L'avidité est le principe dynamique qui porte un film que son auteur n'a jamais considéré comme devant être son dernier, mais qui, occupant de fait ce statut, y trouve une résonance particulière. Ce film est inspiré d'une nouvelle de Tolstoï, *Le Faux Billet*, largement transformée par Bresson qui en fait d'ailleurs une œuvre plus dostoïevskienne que les deux adaptations qu'il a auparavant données de l'auteur de *L'Idiot*, *Une femme douce* et *Quatre Nuits d'un rêveur.* Il s'agit d'une tentative très ambitieuse d'étude de la société contemporaine selon une approche métaphysique, avec un principe simple en son centre : l'argent comme agent du Mal – on peut cette fois mettre une majuscule, tant l'emprise de cette force de destruction et de disjonction (étymologiquement, le diable est celui qui sépare) est ici absolue, souveraine. Les idéaux d'un autre monde qui, même de manière illusoire ou dérisoire animaient les personnages des films des années soixante-dix, ont disparu. Le rapport à l'argent irrigue tous les rapports humains. Il a pour corollaire le mensonge, l'hypocrisie, l'injustice, la violence.

Le travail de Bresson se déploie selon deux registres. Bresson scénariste décrit de manière précise comment l'organisation des rapports humains par l'argent structure la société, la perception que s'en fait Bresson en écrivant est proche d'une analyse marxiste, celle qu'énoncera un personnage ayant à la main un livre des Éditions sociales, et qui rend compte de la hiérarchie entre grands bourgeois (le lycéen fraudeur, son père avare et autoritaire, sa mère magouilleuse), petits-bourgeois (les boutiquiers malhonnêtes et couards), travailleurs (Yvon, le livreur victime de tous les autres) et déclassés (Lucien, le commis devenu truand), et des appareils d'État qui assurent l'ordre au service de cette hiérarchie (famille, école, église, police, justice, prison). On peut ajouter à ce descriptif social une approche générationnelle : les adultes sont atroces, les jeunes veules, stupides ou déjà malhonnêtes. Mais Bresson cinéaste traverse la sociologie critique pour ne s'attacher qu'à construire un mouvement, une dynamique dont l'argent est le carburant (clin d'œil du métier d'Yvon, livreur de gasoil) et dont les effets contaminent tous les rapports humains et pervertissent l'âme la plus pure. Les « ressorts dramatiques » (rarement cette expression aura été aussi appropriée) enclenchent des actions brèves, souvent montrées selon les principes de mise en scène chers à Bresson, la métonymie (la partie pour le tout : le pied sur l'accélérateur suffit à raconter la poursuite automobile), l'ellipse (il suffit de voir Yvon lavant le sang de ses mains pour comprendre qu'il a tué les hôteliers), le texte écrit, visible à l'écran (les lettres de l'épouse qui annoncent à Yvon d'abord la mort de leur petite fille, puis qu'elle le quitte), les embrayeurs de mouvement (le vieil homme au journal qui, marchant dans la rue, fait découvrir le hold-up raté et la situation d'Yvon qui attend les gangsters dans la voiture ; le chien qui erre dans la maison durant le massacre final). Et, bien sûr, l'omniprésence des circulations, le nombre toujours très élevé de plans consacrés à des pieds qui marchent, des mains qui ouvrent les portes, des trajets où « il ne se passe rien » – c'est-à-dire où on voit le principal : ce qui relie et agence ensemble les petits événements qui affectent la vie des individus.

De l'utilisation des faux billets par les lycéens fils de riches à la malhonnêteté du commerçant photographe qui tresse le collet où viendra se prendre l'innocent livreur Yvon, entraîné par une machine qui, le broyant comme homme, en fera un assassin sanguinaire, l'enchaînement des faits est d'une rigueur implacable, celui des plans d'une brutalité machiavélique. La belle affiche de Signac pour le film est en partie erronée, elle montre deux billets de banque comme les mâchoires ensanglantées d'un animal maléfique, mais dans le film l'argent n'est pas une bête féroce (vision archaïque), c'est à la fois une machine (les

Page de droite :

Caroline Lang et Christian Patey dans *L'Argent.*

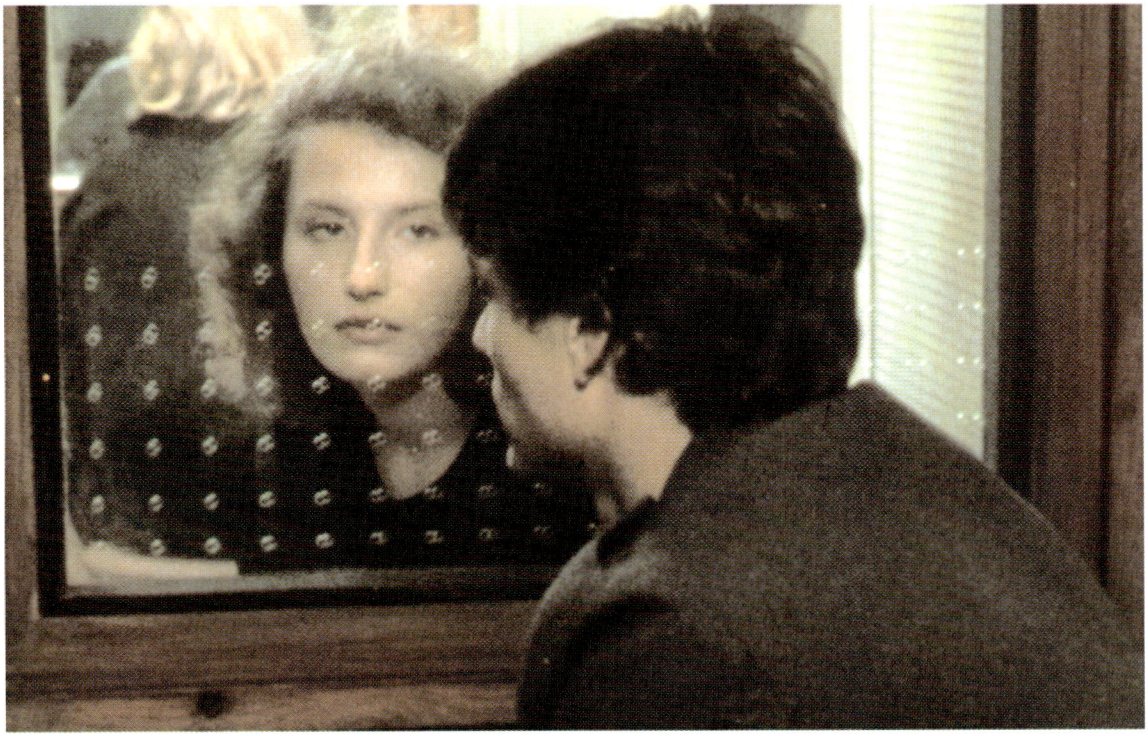

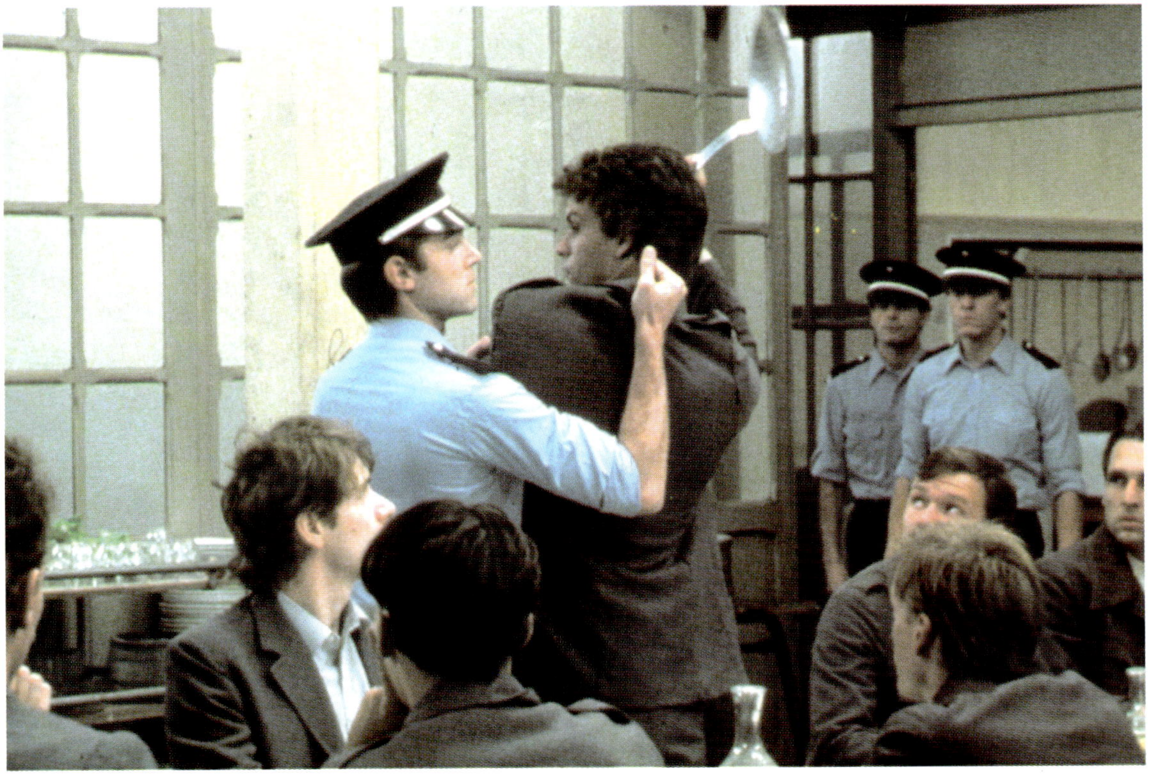

causes et les effets fonctionnent comme les engrenages d'une mécanique à détruire ce qu'il y a d'humain en l'homme) et un virus, un agent invisible de contamination qui pervertit et pourrit invisiblement – et il revient ici au cinématographe de rendre visible ce processus. La violence de *L'Argent* tient aussi à sa linéarité. Bresson n'use ici d'aucune des constructions rhétoriques, des circulations dans le temps et le récit qu'il mania naguère avec un brio incomparable. Le film file droit, comme un coup. Deux horizons (inconscients pour Bresson lui-même) contribuent à faire de *L'Argent* LE film de son époque, et des temps qui viennent. Il a été réalisé l'année même de l'identification de cette maladie devenue comme la noire signature de l'époque qui commence, le sida ; et les processus de contamination qu'il met en scène préfigurent de manière stylisée les modes de circulation que permettra bientôt la mise en réseau informatique, sujet (on l'a vu avec le film précédent) auquel Bresson n'est pas indifférent.

Nous avons pris l'habitude de repérer deux tonalités qui enrichissent, sur des modes divers, tous les films de Robert Bresson, bien qu'on leur porte d'ordinaire peu d'attention : l'érotisme et l'humour. L'érotisme, la sensualité sont ici absents, on voit des femmes mais pas de féminité dans *L'Argent,* qui de manière pourtant délibérée, presque surajoutée, met par deux fois à l'image des corps de femmes offerts au désir, mais tarifé : les nus dans l'album du gosse de riches, la prostituée vautrée parmi les magazines de cul. Les traits d'humour très sombres, eux, ne manquent pas. Deux au moins renvoient à de précédents films de Bresson, non sans une certaine auto-ironie quant à ce qui porta naguère l'optimisme, ou au moins la compassion du cinéaste. Ainsi le parallèle entre Yvon, victime innocente de ce qui n'est plus l'abstraite et un peu artificielle « méchanceté des hommes » mais les effets de l'argent, et l'âne Balthazar, parallèle souligné par les deux sacoches que le jeune homme porte à sa sortie de prison – mais Yvon est un homme, pas un âne, il ne deviendra pas saint mais meurtrier. Ainsi de la reprise du motif de la prison, lieu de fortification et d'élévation dans *Un condamné à mort s'est échappé* et dans *Procès de Jeanne d'Arc*, devenu lieu de déchéance et d'endurcissement au crime, d'accroissement

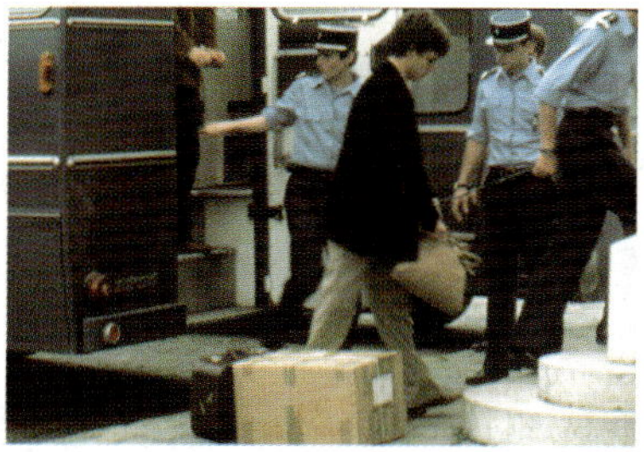

L'arrivée d'Yvon à la prison avec ses sacoches.

Tous bressonniens

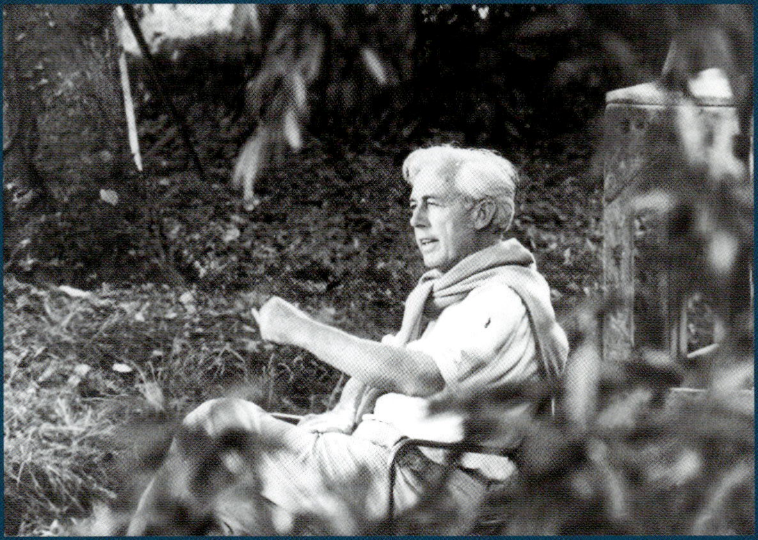

Bresson sur le tournage d'*Au hasard Balthazar*.

Le cinématographe selon Robert Bresson a suscité l'admiration et stimulé la création d'innombrables artistes et penseurs – ceux qui œuvrent dans le cinéma, bien entendu, mais aussi des écrivains, des peintres, des musiciens, des philosophes… Dans le monde entier, des centaines de manifestations et de témoignages divers ont attesté combien ses films et l'idée qu'il s'était forgée de son art ont influencé ses contemporains, et ses successeurs. Nous n'en donnerons ici que deux exemples, qui ont paru significatifs. Puissent ces énumérations, en leur hétérogénéité, donner un peu du sentiment du rayonnement qu'a eu, et qu'a toujours cette œuvre. En 1997, à l'occasion d'une intégrale à la Cinémathèque française, celle-ci publie un recueil de textes qui saluent l'œuvre et l'esprit de Robert Bresson. Ce livre, intitulé *Éloge* (Mazzotta, 1997), a été conçu à l'initiative de Philippe Arnaud, déjà l'auteur d'un des meilleurs ouvrages sur Bresson, et mort tragiquement avant d'avoir pu l'achever. On y trouve côte à côte les signatures de Sacha Guitry, Jean Cocteau, Julien Green, François Mauriac, Roland Barthes, Julien Gracq, Marguerite Duras, J.-M. G. Le Clezio, Alberto Moravia, Jacques Audiberti, Régine Pernoud, Clément Rosset, Andreï Tarkovski, Wim Wenders, Jacques Becker, Marcel L'Herbier, Jonas Mekas, François Truffaut, André Bazin, Éric Rohmer, Jacques Rivette…

Dix ans plus tard, en octobre 2007, le directeur de la programmation du British Film Institute de Londres, Geoff Andrew, organise une intégrale des films de Bresson, à laquelle il joint un programme de films où se lisent, à des titres divers, l'influence de l'auteur d'*Au hasard Balthazar*. Cette liste, qui aurait bien entendu pu être différente, est un autre indice de l'ampleur des échos suscités par son œuvre. On y trouve notamment, parmi les films les plus récents, *La Vie de Jésus* de Bruno Dumont (1997), *Rosetta* de Jean-Pierre et Luc Dardenne (1999), *La Captive* de Chantal Akerman (2000), *L'Homme sans passé* de Aki Kaurismaki (2002), *En attendant le bonheur (Heremakono)* de Abderrahmane Sissako (2002) ou *Uzak* de Nuri Bilge Ceylan (2006)…

de la violence et de l'injustice. Il est particulièrement douloureux (le bruit strident s'en fait l'écho) que le geste à la fois humain et salvateur par lequel, usant sur le sol les ustensiles du quotidien, le héros d'*Un condamné à mort* forgeait dans une discipline aussi spirituelle que physique les outils de sa liberté devienne, lorsque Yvon frotte sans fin sa timbale métallique sur le sol, le signe de son désespoir et un moyen d'aider à sa tentative de suicide. Tous les signes sont inversés.

Une phrase du dialogue désigne l'argent comme « dieu visible ». Cette formule renvoie, pour un chrétien (comme d'ailleurs pour un juif ou un musulman), à la plus inexpiable des perversions, celle de l'idolâtrie. Elle offre une clé pour comprendre la haine de Bresson envers ce qu'il appelle « cinéma » par opposition au « cinématographe » qu'il pratique et appelle de ses vœux : le cinéma qu'il déteste, celui qui vise à faire de l'argent par une séduction fondée sur les seules pulsions, est une forme actuelle d'idolâtrie. Ce rapport critique et douloureux entre l'argent et le cinéma n'est pas seulement général et moral, il a été très concret pour Robert Bresson, qui affronte les pires difficultés pour pouvoir réaliser les films tels qu'il l'entend (le dieu argent travaille sans relâche à éliminer ses ennemis[33]).

La dernière partie du film montre Yvon libéré de prison s'adonnant, par « plaisir » plus que par nécessité, au vol et au meurtre, la rencontre à la campagne (où le cinéaste revient lui aussi in fine après une décennie parisienne) avec la « petite dame », la description d'une complète cruauté de la famille de celle-ci, entre enfant handicapé, père alcoolique et violent (qui joue du Bach sans que l'art sacré ne soit d'aucun secours) et sœur absente. Cet enchaînement fait cortège à la marche à l'abîme d'Yvon, dont la hache sanglante sera le dernier instrument. Juste avant pourtant, ces mêmes mains qu'on va voir couvertes indifféremment du sang de la femme bonne (figure abstraite, sans âge, droit sortie d'une parabole biblique, sans aucun souci de vraisemblance sociale, psychologique) et de l'homme mauvais auront accompli un geste qui garde la mémoire, lointaine, dérisoire mais pas abolie, du paradis perdu : ces noisettes deux fois offertes (offertes : hors commerce, hors argent), offertes par la nature (ou Dieu) aux humains, offertes par Yvon à la petite dame. Ce double don

33. Refusé par tous les producteurs comme par la Commission d'avance sur recettes, *L'Argent* n'aurait pu se faire sans une intervention directe d'un nouveau ministre arrivé au pouvoir, Jack Lang. Une fille de celui-ci, Caroline Lang, interprète la femme d'Yvon dans le film.

rappelle in extremis, et c'est encore plus triste, qu'il y eut une promesse d'un autre monde. Il est l'ultime manifestation de ce signe d'un monde meilleur dont Bresson s'est plu à disséminer les aperçus même dans ses films les plus désespérés (une chanson dans *Une femme douce*, un bouvreuil dans *Lancelot du lac*, l'inutile générosité de l'amour d'Edwige pour Charles dans *Le Diable probablement*). Ces signes sont sans effet. Ensuite, c'est l'horreur.

Et puis le verre du condamné avalé par le jeune homme au café avant de se livrer – il faut être imbécile pour voir dans la reddition d'Yvon une rédemption : cette fois, le condamné à mort ne s'est pas échappé. Mais le dernier plan n'accompagne pas Yvon qui sort du bistrot entouré des gendarmes, il reste sur la foule qui l'a regardé passer et continue d'observer ce qui arrive par cette porte ouverte, dont le rectangle clair se découpe dans l'ombre. Comme le public face à l'écran, devant l'énigme d'un avenir qui, le film est sans ambiguïté, ne peut être que sinistre. Le plan rappelle le finale de *Procès de Jeanne d'Arc* – au-delà de Jeanne, le poteau vide et calciné dirigeait le regard vers le ciel. Cette fois le regard demeure à terre. Ce sera le dernier plan filmé par Robert Bresson.

Présenté au Festival de Cannes en 1983, le film divise, suscite un enthousiasme considérable chez une partie des spectateurs, une hargne furieuse chez d'autres, obtient la moitié d'un prix honorifique (grand prix du cinéma de création partagé avec Andreï Tarkovski pour *Nostalghia*, excusez du peu). Bresson est blessé par ces réticences et ces demi-honneurs, dans sa fierté sans aucun doute, mais parce qu'il sait qu'il lui aurait fallu une reconnaissance complète pour pouvoir encore (à quatre-vingt-deux ans !) mener à bien le projet qu'il évoque toujours, celui de cette *Genèse* qu'il ne tournera pas. Si l'admiration pour son travail (il désavoue alors l'emploi du mot « œuvre ») va croissante, lui-même s'écarte peu à peu du monde, la maladie l'enferme dans un silence et une pénombre dont, malgré les honneurs rendus à distance, il ne sortira plus.

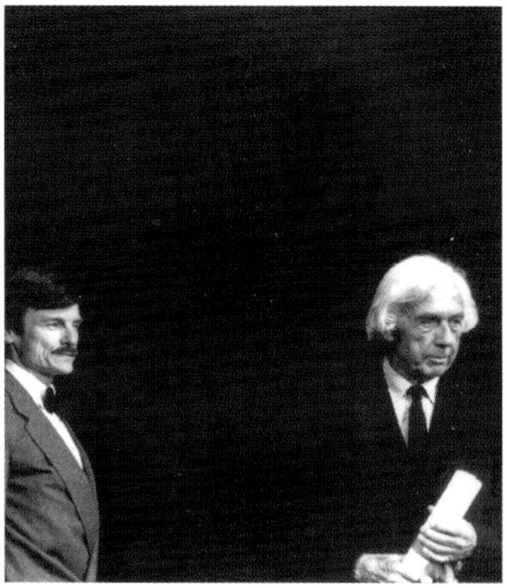

Bresson reçoit le grand prix du cinéma de création avec Tarkovski à Cannes en 1983.

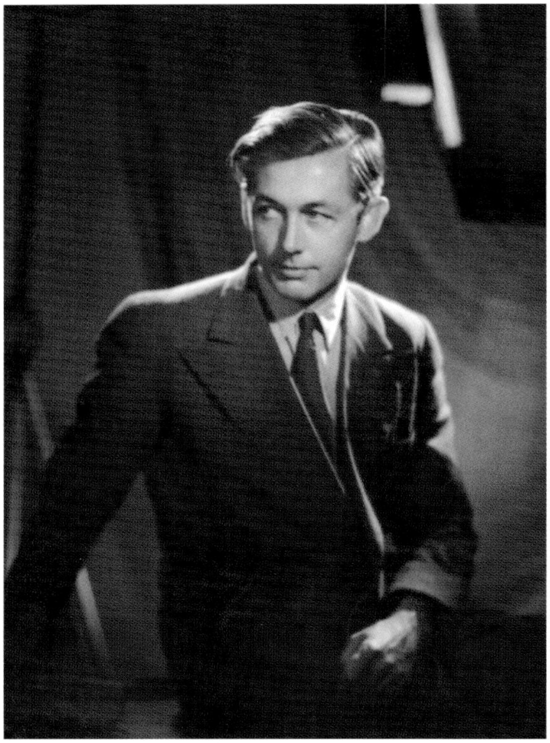

Biographie

1901. 25 septembre. Naissance à Bromont-Lamothe, à vingt-cinq kilomètres à l'ouest de Clermont-Ferrand. Il grandit près de Paris, où il suit brillamment des études classiques (latin, grec, philo) au lycée Lakanal de Sceaux. Il poursuit des études à l'université.

1920. Sa vocation semble être la peinture. Il étudie peut-être aux beaux-arts (plusieurs sources l'affirment, lui-même l'a nié lors d'un entretien avec François Weyergans en 1965). Il pratique la photographie à titre professionnel, notamment pour les collections de Coco Chanel, dont il devient un ami.

1933. Première contribution au septième art avec *C'était un musicien* de Maurice Gleize, où il figure au générique comme dialoguiste.

1934. Réalise son premier film, le court métrage *Affaires publiques*. Le film déclenche un petit scandale, avec bris de fauteuils et jets de bouteilles d'encre sur l'écran du Studio Raspail (*Le Dernier Milliardaire* de René Clair connaît au même moment semblable accueil agité).

1936. Collabore aux scénarios des *Jumeaux de Brighton* de Claude Heymann et de *Courrier Sud* de Pierre Billon.

1940-1941. Mobilisé, Bresson est fait prisonnier en mars 1940. Il reste dix-huit mois dans un camp de prisonniers en Allemagne.

1941. Revenu à Paris, il met en chantier son premier long métrage, *Les Anges du péché.*

1943. Sortie des *Anges du péché.*

1945. *Les Dames du bois de Boulogne.*

1947. À Rome, Bresson écrit un scénario sur la vie d'Ignace de Loyola, avec comme écrivain-partenaire Julien Green. Le projet n'aboutit pas.

1949. Aux côtés de Jean Cocteau, il est le parrain d'une aventure éphémère mais importante, la création du ciné-club Objectif 49, qu'anime Roger Leenhardt, qu'André Bazin soutient, que fréquentent Jacques Rivette et Éric Rohmer, et qui sera l'un des creusets des *Cahiers du cinéma*, fondés en 1951.

1950. Commence la rédaction de *Notes sur le cinématographe*, qui sera publié en 1975 par Gallimard.

1951. *Journal d'un curé de campagne.*

1952. Le cycle arthurien lui inspire le scénario de *Graal*, première étape d'une longue quête qui trouvera son aboutissement plus de vingt ans plus tard avec *Lancelot du lac.*

1953. Travaille à une transposition de *La Princesse de Clèves.* Après les chevaliers de la Table ronde, il s'agit également d'une œuvre fondatrice pour la culture occidentale et d'un récit de quête d'absolu : on voit bien ce qui attire Robert Bresson, pour quels enjeux il aspire à mobiliser les forces du cinématographe.

1956. *Un condamné à mort s'est échappé.*
1959. *Pickpocket.*
1962. *Procès de Jeanne d'Arc.*
1963. Page 127 de *Notes sur le cinématographe* figure l'unique mention par Bresson d'événements concernant sa vie et ses difficultés de travail. Il écrit : « (1963) Quitté Rome brusquement, abandonné sans retour les préparatifs de *La Genèse*, pour couper court à des parlotes imbéciles et à des bâtons dans les roues desséchants. Qu'il est étrange qu'on puisse vous demander de faire ce qu'on serait bien empêché de faire soi-même, parce qu'on ne sait pas ce que c'est ! » Ce projet, qu'aurait dû produire Dino De Laurentiis avec lequel Bresson n'a pu s'entendre, est le point de plus grand avancement d'un film que le cinéaste a rêvé de faire toute sa vie, et qu'il ne parvint jamais à réaliser. Il s'agissait d'une transposition des onze premiers chapitres de la Bible, de la création du monde à la tour de Babel. Philippe Arnaud, dans le livre qu'il a consacré au cinéaste, y voit « le film absolu de Bresson, celui qui les sous-tend tous. [...] Le film-somme, ultime, à la fois premier et dernier, et qui, comme objet idéal et impossible, est la cause de tous les autres ».
1966. *Au hasard Balthazar.* Lors d'un entretien accordé aux *Cahiers du cinéma*, Bresson annonce qu'il a l'intention de s'atteler à son projet de film inspiré du cycle des chevaliers de la Table ronde.
1967. *Mouchette.*
1969. *Une femme douce.*
1972. *Quatre Nuits d'un rêveur.*
1974. Grâce à Jean-Pierre Rassam et Jean Yanne, Robert Bresson peut enfin réaliser *Lancelot du lac.*
1975. Publication aux éditions Gallimard, dans la collection blanche, de *Notes sur le cinématographe.*
1977. *Le Diable probablement.*
1983. Au Festival de Cannes, il reçoit le grand prix du cinéma de création pour *L'Argent*, qui est également attribué à Andreï Tarkovski pour *Nostalghia.*
1999. Robert Bresson meurt le 18 décembre 1999 à Droue-sur-Drouette (Eure-et-Loir) où il s'était retiré.

Filmographie

AFFAIRES PUBLIQUES **1934**

N&B. **Scénario** Robert Bresson. **Dialogues** Robert Bresson, André Josset et Paul Weill. **Image** Nicolas Toporkoff. **Son** Georges Gérardot. **Décors** Pierre Charbonnier. **Conseiller technique** André Cerf. **Musique** Jean Wiener, avec la collaboration technique de Roger Desormière. **Production** Arc-films. **Durée** 25 mn. Avec le clown Béby (Le chancelier), Andrée Servilanges (La princesse), Marcel Dalio (Le speaker, le sculpteur, le capitaine des pompiers, l'amiral), Gilles Margaritis (Le chauffeur), Simone Cressier (Christiane), Jane Pierson (La suivante), Franck Maurice (Un matelot), André Numès fils (Un badaud), Jacques Deauvais, Eugène Stuber.

Fausses actualités burlesques autour des mésaventures du dictateur de Crogandie, et de sa fiancée la princesse volante. Carambolages, gags et chutes absurdes rythment cet exercice de virtuosité joyeuse, qui moque comme à guignol les corps constitués et les symboles de l'autorité.

LES ANGES DU PÉCHÉ **1943**

N&B. **Scénario** Robert Bresson, Jean Giraudoux, avec, pour certaines scènes du film, les conseils du révérend père Bruckberger concernant les règles de l'ordre dominicain. **Dialogues** Jean Giraudoux. **Image** Philippe Agostini. **Son** René Louge. **Décors** René Renoux. **Montage** Yvonne Martin. **Musique** Jean-Jacques Grünewald; *Salve Regina* chanté par Irène Joachim. **Production** Les films Roger Richebé. **Durée** 1 h 40. Avec Renée Faure (Anne-Marie), Jany Holt (Thérèse), Sylvie (La prieure), Mila Parély (Madeleine), Marie-Hélène Dasté (Mère Saint-Jean), Yolande Laffon (Madame Lamaury), Paula Dehelly (Mère Dominique), Sylvia Monfort (Agnès), Gilberte Terbois (Sœur Marie-Josephe), Louis Seigner (Le directeur de la prison), Georges Colin (Le chef de la police).

La vie d'un couvent où les sœurs s'occupent de jeunes femmes à leur sortie de prison est perturbée par l'arrivée de deux nouvelles pensionnaires. Thérèse, meurtrière et rebelle, est l'objet de la sollicitude d'Anne-Marie, qui voit dans le salut de cette brebis égarée la possibilité d'un accomplissement hors norme de sa vocation. Le film met en scène simultanément plusieurs affrontements, entre la règle commune et un engagement individuel hors du commun, entre les deux formes de transgression qu'incarnent Thérèse et Anne-Marie, entre la loi du monde (celle de la société, de la police, du couvent), des pulsions de vie et l'aspiration à un autre ordre du monde.

LES DAMES DU BOIS DE BOULOGNE **1945**

N&B. **Scénario et adaptation** Robert Bresson, d'après Diderot. **Dialogues** Jean Cocteau. **Image** Philippe Agostini. **Son** René Louge. **Décors** Max Douy. **Montage** Jean Feyte. **Musique** Jean-Jacques Grünwald. **Production** Raoul Ploquin. **Durée** 1 h 30. Avec Paul Bernard (Jean), Maria Casarès (Hélène), Élina Labourdette (Agnès), Lucienne Bogaert (La mère d'Agnès), Jean Marchat (Jacques).

Délaissée par Jean, son amant, la riche et séduisante Hélène imagine de se venger en lui faisant épouser une jeune fille qui se révélera avoir un passé indigne. Elle manipule la jeune Agnès et sa mère, bourgeoises tombées dans le besoin qui croient trouver en Hélène une protectrice, mais le plan pervers de celle-ci sera déjoué par l'amour authentique qu'Agnès inspirera à Jean, même après avoir découvert le passé de sa jeune épouse. Il tentera d'empêcher que la révélation du piège soit fatale à sa bien-aimée.

JOURNAL D'UN CURÉ DE CAMPAGNE **1951**

N&B. **Scénario et adaptation** Robert Bresson, d'après le roman de Georges Bernanos. **Image** L.-H. (Léonce-Henri) Burel. **Son** Jean Rieul. **Décors** Pierre Charbonnier. **Montage** Paulette Robert. **Musique** Jean-Jacques Grünwald. **Production** Union générale de cinématographie. **Durée** 1 h 50. Avec Claude Laydu (Le curé d'Ambricourt), Léon Arvel (Fabregard), Antoine Balpêtré (Le docteur Delbende), Jean Danet (Olivier), Jeanne Etiévant (La femme de ménage), Armand Guibert (Le curé de Torcy), (Bernard) Hubrenne (Dufréty), Nicole Ladmiral (Chantal), Martine Lemaire (Séraphita), Nicole Maurey (Mlle Louise), Martial Morange (L'adjoint), Jean Riveyre (Le comte), Gaston Séverin (Le chanoine), Gilberte Terbois (Mme Dumouchel), Marie-Monique Arkell (La comtesse).

Fidèle à la lettre au roman éponyme de Georges Bernanos, le film accompagne le calvaire d'un jeune curé d'un village du nord de la France confronté aux diverses formes de l'incrédulités ou à l'usage pervers de la religion chez ses paroissiens. La maladie qui le ronge et le tuera est à la fois le symptôme du dénuement matériel et du désespoir moral qu'il éprouve, sans renoncer pour autant à sa foi.

UN CONDAMNÉ À MORT S'EST ÉCHAPPÉ OU LE VENT SOUFFLE OÙ IL VEUT **1956**

N&B. **Scénario et dialogues** Robert Bresson, d'après le récit d'André Devigny. **Image** L.-H. Burel. **Son** Pierre André Bertrand. **Décors** Pierre Charbonnier. **Montage** Raymond Lamy. **Musique** Mozart. **Production** Gaumont Nouvelles Éditions de films. **Durée** 1 h 40. Avec François Leterrier (Fontaine), Charles Le Clainche (Jost), Maurice Beerblock (Blanchet), Roland Monod (Le pasteur), Jacques Ertaud (Orsini), Jean-Paul Delhumeau (Hebrard), Roger Treherne (Terry), Jean-Philippe Delamarre (Le prisonnier 110), César Gattegno (Le prisonnier X), Jacques Oerlemans (Le gardien-chef), Klaus Detlef Grevenhorst (L'officier de l'Abwehr), Leonhard Schmidt (Le convoyeur).

Un jeune officier résistant arrêté par la Gestapo est interné au fort de Montluc, à Lyon. Avec obstination et adresse, il met tout en œuvre pour s'évader, grâce aussi à la complicité de codétenus de différentes croyances religieuses et politiques. L'arrivée d'un jeune garçon dans sa cellule menace d'abord de ruiner son projet ; il sera finalement un précieux allié. Au terme d'une expédition nocturne haletante, l'évasion réussit.

PICKPOCKET 1959

N&B. **Scénario** Robert Bresson. **Image** L.-H. Burel. **Son** Antoine Archimbaud. **Décors** Pierre Charbonnier. **Montage** Raymond Lamy. **Musique** J.-B. Lulli (Transcription de F. Oubradous). **Conseiller technique pour les gestes des voleurs** Kassagi. **Production** Agnès Delahaie. **Durée** 1 h 15. Avec Martin Lassalle (Michel), Marika Green (Jeanne), Jean Pelegri (L'inspecteur principal), Dolly Scal (La mère), Pierre Leymarie (Jacques), Kassagi (Le premier complice), Pierre Étaix (Le deuxième complice), César Gattegno (Un inspecteur).

Dandy fauché se disant écrivain, Michel fait de l'activité de pickpocket à laquelle l'a initié un professionnel rencontré par hasard, à la fois un gagne-pain et une attitude dans la vie. Affrontant ceux qui lui font la morale (un ami, un policier, la jeune Jeanne), perdant peu à peu tout lien avec la vie ordinaire, jusqu'à sa mère mourante, il jouit de ses succès de voleur virtuose mais ils ne le protègent pas d'une solitude et d'une misère intérieure auxquelles il ne sait pas plus échapper que les citoyens « honnêtes ». Au terme d'une fuite en avant inutile, capturé par la police, il trouvera en prison, grâce à l'amour de Jeanne, ce qui ressemble à un sens de la vie.

PROCÈS DE JEANNE D'ARC 1962

N&B. **Scénario** Robert Bresson. **Image** L.-H. Burel. **Décors** Pierre Charbonnier. **Son** Antoine Archimbaud. **Montage** Germaine Artus. **Musique** Francis Seyrig. **Production** Agnès Delahaie. **Durée** 1 h 05. Avec Florence Carrez (Florence Delay) (Jeanne d'Arc), Jean-Claude Fourneau (Cauchon), Roger Honorat (Jean Beaupère), Marc Jacquier (Jean Lemaître), Jean Gillibert (Jean de Châtillon), Michel Hérubel (Isambart de la Pierre), André Régnier (d'Estivet), Arthur Le Bau (Jean Massieu), Marcel Darbaud (Nicolas de Houppeville), Philippe Dreux (Martin Ladvenu), Paul-Robert Mimet (Guillaume Erard), Gérard Zingg (Jean Lohier), Richard Pratt (Warwick).

D'après les minutes du procès de Jeanne d'Arc, le déroulement de celui-ci reconstitué avec exactitude est l'occasion de filmer l'affrontement entre une incarnation de la sincérité et les forces mauvaises qui l'assaillent de toutes parts. Les exigences d'un pouvoir tyrannique, la violence de la machine bureaucratique, l'obscurantisme des appareils religieux, la concupiscence des hommes, la lâcheté et l'aveuglement de la foule enserrent Jeanne dans une machine qui menace de la broyer. Elle la tuera en effet, mais sans l'avoir vaincue, le film se transformant en exaltation de la résistance à l'oppression, résistance moralement victorieuse grâce à l'intelligence et à la probité de la jeune femme.

AU HASARD BALTHAZAR 1966

N&B. **Scénario** Robert Bresson. **Image** Ghislain Cloquet. **Son** Antoine Archimbaud, Jacques Carrère. **Décors** Pierre Charbonnier. **Montage** Raymond Lamy. **Musique** de Schubert (sonate n° 20), Jean Wiener. **Production** Argos Films, Parc Film, Athos Films (Paris), Institut suédois du film, Svensk Filmindustri. **Durée** 1 h 35. Avec Anne Wiazemsky (Marie), Walter Green (Jacques), François Lafarge (Gérard), Jean-Claude Guilbert (Arnold), Philippe Asselin (Le maître d'école, père de Marie), Pierre Klossowski (Le marchand de grains), Nathalie Joyaut (La mère de Marie), Marie-Claire Frémont (La femme du boulanger), Jean-Joël Barbier (Le doyen), Guy Renault, Jean Rémignard (Le notaire), Guy Bréjac (Le vétérinaire), Mylène Weyergans (L'infirmière).

Dans un village de la campagne française, un âne se trouve à la fois être le centre et la victime systématique des agissements des différents protagonistes. Poussés par des passions mauvaises, Gérard le jeune homme violent et oisif, Marie séduite et maltraitée par lui, le maître d'école trop sûr de son ascendant sur les hommes et les choses, Arnold le vagabond alcoolique ou l'avare marchand de grains se nuisent sans fin les uns aux autres, et l'âne Balthazar se retrouve toujours en position d'exutoire de leurs actes malfaisants. Après avoir paru échapper aux méchancetés et au travail forcé pour ne tomber que dans un aussi sinistre emploi de bête de cirque, il finira abattu par hasard, après avoir été une dernière fois utilisé malgré lui pour une mauvaise action, à l'entrée d'un vallon paradisiaque.

MOUCHETTE 1967

N&B. **Scénario** Robert Bresson, d'après *La Nouvelle Histoire de Mouchette* de Georges Bernanos. **Image** Ghislain Cloquet. **Son** Séverin Frankiel. **Décors** Pierre Guffroy. **Montage** Raymond Lamy. **Musique** Monteverdi, Jean Wiener. **Production** Argos films, Parc film. **Durée** 1 h 22. Avec Nadine Nortier (Mouchette), Jean-Claude Guilbert (Arsène), Paul Hébert (Le père), Maria Cardinal (La mère), Jean Vimenet (Le garde Mathieu), Marie Susini (La femme du garde Mathieu), Suzanne Huguenin (La visiteuse des morts [la vieille dame qui offre du linge à Mouchette]), Martine Trichet (Louisa), Liliane Princet (L'institutrice), Raymonde Chabrun (L'épicière).

Rebelle à l'école, malheureuse à la maison entre sa mère malade et son père et son frère brutaux et obtus, Mouchette expérimente en vain les promesses d'un rapport fusionnel avec la nature, d'une relation amoureuse avec le braconnier Arsène, de la joie d'un jeu enfantin ou d'un simple chant, ou de la douceur de s'occuper d'un bébé. Cernée par la médiocrité, la méchanceté, la lâcheté et l'avidité des villageois qui sont tout son univers, l'adolescente ne trouvera d'autre issue que le suicide.

UNE FEMME DOUCE 1969

Scénario Robert Bresson, d'après *La Douce* de Dostoïevski. **Image** Ghislain Cloquet. **Son** Jacques Maumont. **Décors** Pierre Charbonnier. **Montage** Raymond Lamy. **Musique** Jean Wiener. **Production** Parc Film, Marianne Productions. **Durée** 1 h 28. Avec Dominique Sanda (La femme), Guy Frangin (L'homme), Jane Lobre (Anna, la bonne), Dorothée Blank, Claude Ollier (Le médecin).

Une fenêtre ouverte, une écharpe qui tombe en volant, le bruit d'un choc violent : une jeune femme vient de suicider en se jetant dans le vide depuis son appartement de Paris. C'est là, auprès de son corps sans vie, que son mari raconte en voix off et en flash-back la manière dont, prêteur sur gages intéressé seulement par l'argent, il a rencontré et séduit celle qui devait devenir sa femme, et l'a enfermée dans un système de valeurs étriquées et d'exigences médiocres d'où elle n'a pu sortir que par la mort.

QUATRE NUITS D'UN RÊVEUR 1972

Scénario Robert Bresson, d'après *Les Nuits blanches* de Dostoïevski. **Image** Pierre Lhomme. **Son** Roger Letellier. **Montage** Raymond Lamy. **Décors** Pierre Charbonnier. **Production** Albina Productions, i Film dell'Orso, Victoria Film et Gian Vittorio Baldi, ORTF. **Musique** Michel Magne, Groupe Batuki, Christopher Hayward, Louis Guitar, F. R. David. **Durée** 1 h 23. Avec Isabelle Weingarten (Marthe), Guillaume des Forêts (Jacques), Jean-Maurice Monnoyer (Le locataire), Giorgio Maulini, Lydia Biondi, Patrick Jouanné (Le gangster).

Sur le Pont-Neuf à Paris, un jeune peintre, Jacques, dissuade à la dernière minute la jeune et jolie Marthe de se suicider après avoir été abandonnée par l'homme qu'elle aimait. Des rendez-vous successifs entre les deux jeunes gens, à travers la capitale où flotte une douce ivresse estivale, adolescente et libertaire, esquissent une idylle qui enfièvre l'esprit artiste de Jacques. Marthe ne répondra pas à l'espoir amoureux de Jacques, qui fera de cette rencontre la matière d'un récit de fiction.

LANCELOT DU LAC 1974

Scénario Robert Bresson. **Image** Pasqualino De Santis. **Décors** Pierre Charbonnier. **Son** Bernard Bats. **Montage** Germaine Lamy. **Musique** Philippe Sarde, Michel Magne. **Mixage** Jacques Carrère. **Production** Mara-Films (Paris), Laser-Production, ORTF, Gerico Sound (Italie). **Durée** 1 h 33. Avec Luc Simon (Lancelot du lac), Laura Duke Condominas (La reine Guenièvre), Humbert Balsan (Gauvain), Vladimir Antolek-Oresek (Le roi Artus), Patrick Bernard (Mordred), Arthur de Montalembert (Lionel).

Au retour de la désastreuse quête du Graal, les chevaliers de la Table ronde sont décimés, les survivants sont désespérés ou opposés entre eux par des rivalités malsaines. L'amour interdit du plus noble d'entre eux, Lancelot, pour la reine Guenièvre, et la faiblesse du roi qui n'est plus le chef charismatique de ses chevaliers mènent, de combats en trahisons, à un massacre final à la fois tragique et dérisoire où s'entretuent les anciens héros et où est écrasée la notion même d'idéal.

LE DIABLE PROBABLEMENT 1977

Scénario Robert Bresson. **Image** Pasqualino De Santis (et William Lubtchansky pour quelques plans). **Son** Georges Prat. **Décors** Eric Simon. **Musique** Philippe Sarde. **Montage** Germaine Lamy. **Production** Sunchild GMF, M. Chanderli. **Durée** 1 h 37. Avec Antoine Monnier (Charles), Tina Irissari (Alberte), Henri de Maublanc (Michel), Laetitia Carcano (Edwige), Nicolas Deguy (Valentin), Régis Henrion (Le psychanalyste), Geoffroy Gaussen (libraire), Roger Honorat (Le commissaire).

Le film part d'un fait divers, la mort par balles d'un adolescent à Paris, et en dévoile les causes. Un groupe de jeunes gens aura cherché les voies de la révolte et de la sincérité, dans la quête amoureuse, l'action militante, notamment contre la destruction de la nature, la pratique de transgression cherchant à mettre en crise le système social. Ni l'amour, ni le débat politique, ni les gestes d'un art de la rupture n'auront paru à Charles, le plus exigeant du groupe d'adolescents, autre chose que des impasses ou des leurres, dont il ne trouvera l'issue qu'en organisant sa propre mort.

L'ARGENT 1983

Scénario Robert Bresson, d'après *Le Faux Billet* de Tolstoï. **Image** Pasqualino De Santis, Emmanuel Machuel. **Son** Jean-Louis Ughetto, Luc Yersin. **Décors** Pierre Guffroy. **Montage** Jean-François Naudon. **Musique** J.-S. Bach (*Fantaisie chromatique*). **Production** Marion's Films, FR3 (France), Eos Films (Suisse). **Durée** 1 h 25. Avec Christian Patey (Yvon Targe), Vincent Risterucci (Lucien), Caroline Lang (Élise), Sylvie van den Elsen (La dame aux cheveux gris), Béatrice Tabourin (La photographe), Didier Baussy (Le photographe), Marc Ernest Fourneau (Norbert), Bruno Lapeyre (Martial), François-Marie Banier (Codétenu avec Yvon), Jeanne Aptekman (Yvette), Alain Aptekman, Dominique Mullier, Jacques Behr, Gilles Durieux (Un juge), Alain Bourguignon, André Cler (Le père de Norbert), Claude Cler (La mère de Norbert).

Des lycéens de bonne famille fabriquent de faux billets et escroquent l'innocent Yvon, employé dans un magasin à Paris. Accusé à tort par ses employeurs, maltraité par les autorités, trahi pas tous, aux abois, il s'associe à des malfaiteurs et participe à un braquage qui tourne mal. À nouveau bouc émissaire, il est lourdement condamné. En prison, il est pris dans une rixe, ce qui aggrave encore son cas. Sa femme l'abandonne, sa petite fille est terrassée par la maladie. À sa sortie de prison, Yvon tue et vole. Préparant un nouveau forfait, il suit dans la campagne une dame âgée, dont la bonté et la droiture ne le dissuaderont pas d'aller au bout d'une sanglante descente aux enfers, avant de se livrer à la police.